共に育ち合う保育者をめざして

金子智栄子 ＊編著
Kaneko Chieko

ナカニシヤ出版

まえがき

　人はひとりでは生きられない。信頼し信頼される人々が，お互いの個性や人生観を尊重しながら質の高い人間関係を保ち続けることに，豊かな人生があるのではないかと思う。良き仲間は助け合いもするが，時にはライバルとして刺激し合うこともある。状況によっては適切な心理的距離をとらなければならないこともある。相手は自分に何を期待し自分はどのように応えていけるのかを，敏感に把握することも要求される。対人関係を良好に保ち続けることは，大人にとってもかなりむずかしいことなのである。

　人間関係が希薄になっていると言われる今日，乳幼児期にどのような援助を行っていったらよいのだろうか。相手の思いを理解し，自分の思いとの接点を見極め，相手も自分も納得できるような対応が取れるようになるためには，さまざまなぶつかり合いを乗り越えていかなければならない。言語発達が未熟で自分の思いを言葉で表現できない時期もあれば，友達とは一緒にいたいが自分の要求は絶対に優先させたいという時期もあるだろう。また，ルールの大切さはわかっても守れない時期もあるだろう。保育者はどのように対応し，子どもたちは仲間関係の中でどのような経過をたどって成長していくのか。理論ではなく，保育現場における記録の山からさぐりたいと思っていた。

　私が講演先で大沢野町保育研究協議会の方々とお会いしたのは，ちょうどそのような時期だった。所内研修が始められて2年目の秋だったような気がする。3年後に公開保育をひかえ，その準備をかねて所内研修で助言をすることを依頼された。その際，西部保育所の膨大なクラスだよりをいただいた。その中には個々の子どもに対する保育者の思いが事細かに記述され，その温かな思いに私の胸は熱くなった。本当に"手作りの保育"が展開されていると思った。

　私が所内研修に関わったのは，その後の3年間である。残念なことに仕事の関係で富山から東京に戻ることになり，研修には加わることができなくなった。その3年間に私が実感したことは，子どもと保育者は共に影響し合いながら育

ち，その育ちは保護者や地域の人々にも支えられているということであった。
　また，西部保育所は大沢野町保育研究協議会によっても支えられていた。特に，公開保育実施にあたっては多大な協力をいただいた。ここにその代表者であった野崎タツ子先生に感謝の意を表したい。

2002年3月　編　者

目　　次

まえがき　*i*

第1章　わたくしたちの保育所 ―――――― 5

1．大沢野町の紹介　5
   [1] 水と緑に囲まれた共感都市「おおさわの」　5
   [2] 大沢野町の保育所の状況　5
2．西部保育所の紹介　6
   [1] 概　　況　6
   [2] 年間の活動の流れ　7
   [3] 遊びの環境　9

第2章　共に育ち合う子どもたち ―――――― 11

1．研 修 目 的　11
2．研 修 経 過　11
3．研 修 の 視 点　13
4．研 修 の 方 法　14

第3章　1歳児の姿と保育者の思い ―――――― 17

1．保育者の思い　17
   [1] ヒヨコ組への期待　17
   [2] 担任になって　17
2．子どもの姿　18
   [1] クラスの子どもたち　18
   [2] 乱暴ですぐパニックをおこすタカシ君をめぐって（個別事例）　25

    3．保育室の様子　33
    4．デイリープログラム　34
    5．クラスだより　36

第4章　2歳児の姿と保育者の思い ——————— 39

    1．保育者の思い　39
        [1] アヒル組への期待　39
        [2] 担任になって　39
    2．子どもの姿　40
        [1] クラスの子どもたち　40
        [2] 自己主張が強すぎるトオル君をめぐって（個別事例）　45
    3．保育室の様子　53
    4．デイリープログラム　54
    5．クラスだより　56

第5章　3歳児の姿と保育者の思い ——————— 59

    1．保育者の思い　59
        [1] ウサギ組への期待　59
        [2] 担任になって　59
    2．子どもの姿　60
        [1] クラスの子どもたち　60
        [2] 他者をよせつけないアサミちゃんをめぐって（個別事例）　65
    3．保育室の様子　71
    4．デイリープログラム　72
    5．クラスだより　74

第6章　4歳児の姿と保育者の思い ——————— 77

    1．保育者の思い　77
        [1] パンダ組への期待　77

［2］担任になって　77
　2．子どもの姿　78
　　　［1］クラスの子どもたち　78
　　　［2］時間をかけて"友達と関わる力"をつけていくツヨシ君を
　　　　　めぐって（個別事例）　82
　3．保育室の様子　91
　4．デイリープログラム　92
　5．クラスだより　94

第7章　5歳児の姿と保育者の思い ──── 97

　1．保育者の思い　97
　　　［1］ライオン組への期待　97
　　　［2］担任になって　97
　2．子どもの姿　98
　　　［1］クラスの子どもたち　98
　　　［2］友達とトラブルになることが多いアキラ君を
　　　　　めぐって（個別事例）　105
　3．保育室の様子　113
　4．ディリープログラム　114
　5．クラスだより　116

第8章　保育の中で大切にしたこと ──── 119

　1．栽　培　活　動　119
　2．飼　育　活　動　120
　3．絵本との出会い　122
　4．子どもの遊びの心に保育者もはまってみよう！　123

第9章　地域，保護者との連携 ―――――― 125

1. おじいちゃん，おばあちゃんと一緒って，なんだか
  あったかい♥(世代間交流事業)　125
    [1] やきいも会　126
    [2] ほんわか，お隣のおじいちゃん　126
2. 保育の心をクラスだよりにのせて　127

第10章　保育者の育ち ―――――――――― 129

1. 事例検討による研修の重要性　130
2. 所内研修による保育者の育ち　132
    [1] 保育者の気づき　132
    [2] 研修の有効性　133
    [3] 研修を充実させていくポイント　135
3. 公開保育による保育者の育ち　135
4. 地域保育への広がりを求めて　140
    [1] オープン所内研修の効果　140
    [2] 評定による分析　143

◆ 第1章 ◆
わたくしたちの保育所

1. 大沢野町の紹介

[1] 水と緑に囲まれた共感都市「おおさわの」

　私たちの町『大沢野』は，富山県の中南部に位置し，北は富山市，南は岐阜県境に及ぶ。町の南部は標高300mから1,000mの山々が連なる山間地にあり，北部には町の西部を流れる神通川と地殻変動によってつくりだされた3段の河岸段丘が広がり，富山平野へと続いている。土地の約5割が森林，約2割が耕地として利用されている。

　富山県と岐阜県飛騨地方を結ぶ，旧飛騨街道沿いに町並みが発達し，町の中心を北陸と東海地方を結ぶ大動脈である国道41号線が縦貫している。

　また，豊富な水資源を利用して，3箇所にダム，北陸で最初の発電所を含め7箇所に水力発電所がある。近年は，富山市のベッドタウンとして住宅団地の造成が進み，人口が急増している。

[2] 大沢野町の保育所の状況

　富山市のベッドタウンとして，宅地造成が進んでいる。若い夫婦が住宅を購入し，富山市より移り住む。夫婦共働きのため，低年齢児の入所が増加傾向にある。また，途中入所児の受け入れも多い。

2. 西部保育所の紹介

[1] 概　況

　当保育所は，昭和53年に開所された。住宅団地の中にあって，施設の隣に地域の公園があり，園庭として使われている。団地創設と保育所の開所に時期的な差がないため，住民の方々は保育所には好意的で，気軽に子どもたちに声をかけてくれる。近年，核家族家庭が多くなってきているが，お年寄りと同居している家庭もまだまだある。また，フルタイムで勤務している母親よりも，パート勤務の母親が多く，子どもたちへの関わりが穏やかに感じられる。

　子どもたちの男女人数は，半々程度である。なにごとにも挑戦してみようという元気いっぱいの子どもたちだが，じっくり集中する遊びも大好きで，気持ちは安定している。

表1-1　大沢野町の保育所

保育所名	定員	対象年齢	乳児	長時間	延長	一時	育児支援
常 設 保 育 所							
笹津保育所	35名	満1歳から小学校就学前		○	○		
中央保育所	100名	満9ヵ月から小学校就学前	○	○	○	○	○
北部保育所	135名	満9ヵ月から小学校就学前	○	○	○		
西部保育所	110名	満1歳から小学校就学前		○	○		
船峅保育所	50名	満1歳から小学校就学前		○			
大久保保育所	120名	満1歳から小学校就学前		○	○		
僻 地 保 育 所							
布尻保育所	20名	満3歳から小学校就学前	開所時間　7:30～16:30				
小羽保育所	20名	満3歳から小学校就学前					

常設保育所の開所時間　月～金曜日7:30～18:00　(長時間保育)7:30～19:00(延長保育)
　　　　　　　　　　　土曜日7:30～12:30　(笹津・中央・西部・船峅・大久保)
　　　　　　　　　　　7:30～16:30　(北部)

1）クラス編成

　表1-2に，クラス編成を示すが，担任以外に所長1名，所長代理1名，給食調理員2名がいる。所長は町長が兼務しているため，所長代理が所長として

表1-2　西部保育所のクラス編成

組	5歳	4歳	3歳	2歳	1歳	担 任 数
ライオン	30名					1名（パート1名）
パンダ		23名				1名（加配保育士1名）
ウサギ			19名			1名（パート1名）
アヒル				18名		3名（パート1名）
ヒヨコ					8名	2名

の実務にあたっている。

2）保育の目標
(1) 自分の思いを伝えたり，友達の気持ちを考えたりして，力を合わせて遊ぶ子ども。
(2) やってみよう，ためしてみようとする子ども。

3）保育の方針
(1) 異年齢の子ども同士の関わりを大切にし，あたたかい人間関係の芽生えを養う。
(2) 手づくりの田んぼや野菜づくり，うさぎやかめや小鳥などの飼育栽培や自然と触れ合える環境をつくり，自然を愛し命を大切にする心を育てる。
(3) 園庭など戸外で遊んだり，散歩の機会を多く取り入れ，土や水などに十分に触れ思いっきり遊ばせる。
(4) 1人ひとりの子どもの思いや，好きなことを受け入れ，伸びていくよう援助する。
(5) 自由な活動形態とゆとりのあるディリープログラムを大切にし，やりたい遊びが十分にできるように，室内外の環境を整える。

[2] 年間の活動の流れ
表1-3に年間の活動の流れを示すが，活動に際しては次の4点を重視した。
(1) 季節の移り変わり，木々や雲や風の様子など自然と触れ合う活動
(2) 町立図書館へ行く（毎月），プラネタリウムへ行く（7月），美術館へ行く（1月）など社会的環境と関わる活動。路線バスやJR電車などを使って出かける。

(3) 近くの商店に買い物に出かけたり，郵便局との触れ合い活動など地域と関わる活動。
(4) 1，2歳児，年少児は，園庭を基点に，序々に近くの神社や公園へ出かける活動に広げていく。

表1-3 年間の活動の流れ

月	活　　動	月	活　　動
4月	・進級式 ・入所式　ポスト愛護デー ・大沢野郵便局のポスト愛護デー参加	10月	・運動会 ・さつまいも堀り
5月	・パンダ組親子遠足 ・みんなの田んぼの田植え ・野菜の苗の買い物 ・みんなの畑に野菜の苗植え ・さつまいもの苗植え	11月	・ウサギ組親子遠足 ・やきいも会 　（子どもたちの祖父母と一緒に） ・花束訪問（勤労感謝の日にちなみ消防署へプレゼントをもって訪問）
6月	・交通安全教室 ・観劇	12月	・餅つき 　（ライオン組の祖父母と一緒に） ・年賀状をポストに（年長組） ・クリスマス会
7月	・プール開き ・ライオン組お泊まり保育 ・ライオン組プラネタリューム見学	1月	・ライオン組県立近代美術館見学（路線バスに乗って）
8月	・七夕まつりの集い	2月	・生活発表会 ・豆まき
9月	・ウィンデイ（健康福祉施設）訪問 ・ふれあい運動会（地域の老人会と） ・ふれあい交流会（地域の老人会と） ・交通安全パレード	3月	・ひなまつりの集い ・お別れお楽しみ会 ・お別れ遠足 　（ワンダーラボ北陸電力館へ） ・修了式

注）・避難訓練，身体測定，誕生会は毎月行う。
　　・園外保育（5月，6月，7月，9月，10月，11月，1月，3月）

[3] 遊びの環境

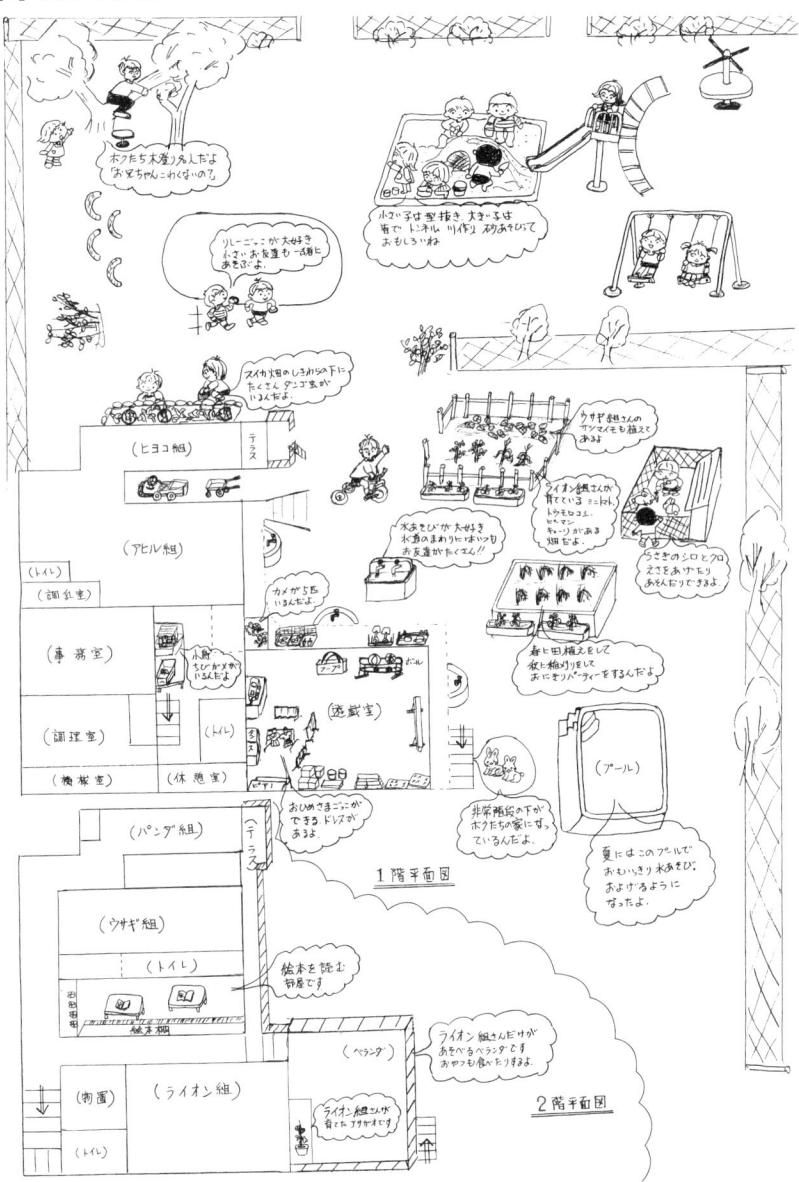

◆ 第2章 ◆
共に育ち合う子どもたち

　研修テーマを「共に育ち合う子どもたち」と定めた。それは子どもたちが充実した保育所生活をおくるための保育者の援助と環境のあり方を，子どもたちの人との関わり，仲間を通しての育ちの視点から探ろうと思ったからである。

1. 研修目的

　当保育所の子どもは早い者では生後1年余りで，保育者や友だちといった親以外の人と密接な関わりを経験していく。このような子どもたちを含めて，子どもが人への信頼感と自己の主体性を形成していくためには，子ども自身の育ちの力を肯定していく温かな保育者との関わりが必要であるのはもちろんのこと，友達相互の関わりも大切になってくる。1人ひとりの子どもが保育者との肯定的関係の中で自分を思いっきりだし，友達との関わりの中で自己主張したり，相手の気持ちを考えたりしながら「自分の気持ちをコントロールする力」が形成されると考える。このような育ちを通して1人ひとりの子どもが主体性をもって生活をし，充実した時を過ごせるようになると考える。
　そこで，仲間との関わりに視点をあてて記録をとり，1人ひとりの子どもが仲間関係を通して人としての心が育つための，保育者の援助と環境のあり方を考究することとした。

2. 研修経過

　当保育所では「子どもたちの健やかな心身の発達」を願う時，保育者や友

達など人との関わり，遊具や教材の選択と設定といった，いわゆる環境のあり方が重要になってくるのではないかと考え，5年間にわたり「保育所生活が子どもたちにとって，充実したものになるためには，保育者の援助，環境のあり方はどうあればよいのか」を研究課題とし実践を進めてきた。

　1年目は，各々の保育者の保育への思いや問題と感じていることを出し合うため事例研究を行い，保育目標について再確認しながら，さまざまな角度から保育の見直しを行った。その結果，子どもの発達を捉えた保育所としての一貫性のある保育に欠けていたことと，保育者の思いを先行させた保育であったことに気づいた。

　2年目は，環境の一貫性を考えることにポイントをおいて研究を行った。合わせて文献などを参考にしながら保育を客観的にみつめ，子どもを中心にすえた保育になるよう心がけた。しかし遊具や玩具など「物」にこだわりすぎていたため，物を通して人と関わり，心が育っていくといった内面の育ちをみていくことが希薄になってしまった。

　3年目は，子どもの内面の育ちを客観的にみていくために「1歳から6歳までの子どもの人との関わり」の視点で，年齢毎の発達の道筋の確認を行った。その中で，年齢という大きな枠で子どもを捉えるのではなく，1人ひとり違う「子どもの育ちの姿」を丁寧にみていくことで1人ひとりの子どもにとって本当に充実した生活につながっていくのではないかということに気づいた。

　4年目は，1人ひとりの子どもの「人との関わり―仲間を通しての育ち―」を研究の視点として個々の子どもの遊びの姿を記録にとり，それを事例提案して研究を進めた。1人ひとりの子どもの継続的な観察を通して事例研究することで，子どもの思いをくみ取ったり，自分自身の保育を客観的に捉えたりすることの大切さを痛感した。しかし，多くの記録の中からどの場面を取り上げ，何を問題としていくのかなど事例研究の中で視点に添い，ポイントをしぼった提案になっていなかったと反省し5年目への課題とした。

　これまでの研究を振り返ってみると，クラスの枠を超え，どの保育者も，どの子どもにも関わり，保育者間で日常的に保育を語り合うことが基盤になっているのではないかと考える。

　そこで，「1人ひとりの保育者の個性を大切にしながらも，保育者集団のあり

方が子どもの育ちに関与してくるのではないか」との視点を基に，さらに，所内研修の充実を図っていった。ここに研修5年目の実践を報告する。

3. 研修の視点

仲間関係における発達段階を考えて研修の視点を次のように定めた。

― 1歳児クラス ―
- 自分の思いのままに個々の遊びを楽しむ中で，個々の子どもの自我が芽生えていくための保育者の援助と環境のあり方を探る。

保育者の姿勢
「自分の思いはいっぱいだしていいんだよ」と子どもの気持ちを受け止めていくことで，本当に安心でき，依存できる心地よい関係を保育者との間につくり，1人ひとりの子どもの「自分で，自分で」の自我の世界をつくっていく。

― 2歳児クラス ―
- 自分と他者との間で葛藤しながら，他者の存在を知っていくための，保育者の援助と環境のあり方を探る。

保育者の姿勢
「自分の思いはいっぱいだしていいんだよ」と子どもの気持ちを受け止めていき「自分で，自分で」という自我の世界をさらに広げていくようにする。同時に，友達にも思いがあり，自分の思いが通らないことがあることも，体験を通して知らせていく。

― 3歳児クラス ―
- 仲間関係の芽生えを育てるための保育者の援助と環境のあり方を探る。

保育者の姿勢
自分の思いと友達の思いの違いを感じ，友達の気持ちも考えられるような関わりをしながら，「ぼくは〜がしたい，でも○○ちゃんも〜したいんだ」という気持ちが育つようにしていく。

— 4歳児クラス —
- 芽生え始めた仲間関係を豊かなものにしていくための保育者の援助と環境のあり方を探る。

> 保育者の姿勢
>
> 友達との共感関係を深める機会を多くもったり，1人の思いや経験をクラス全員のものにしたりする中で，互いに，相手を感じ，相手を知って友達のよいところを認め励まし合う仲間関係が育つようにしていく。

— 5歳児クラス —
- 確立しつつある仲間関係を，さらに高めていくための，保育者の援助と環境のあり方を探る。

> 保育者の姿勢
>
> クラスの友達と一緒に，ひとつのことに取り組む中で，友達のよいところを認め励まし合い，1人ひとりの子どもが，みな受け入れられるクラス集団づくりをしていく。そして「自分たちでできた」という達成感と満足感を共有できる仲間関係が育つようにしていく。

4. 研修の方法

　研究の視点に添って，子ども同士の関わりの場面の記録をとる。子どもの思いを探り，それを保育者がどのように捉え認識しているのかを「事例検討」の場にだして保育討議をしていく。討議された内容を保育実践にフィードバックさせていき，保育者の援助や環境のあり方を探ることにした。
　所内研修会は原則として毎週火曜日の午後5時～8時まで約3時間行われた。表2-1に一年間の研修経過を示す。保育所全体で事例が討議されたのは，時間的制約のために，各年齢1回であったが必要に応じて関係保育者が集まったり，定例の所内研修会の機会を活用したりして意見交換を行った。表2-1中にあるオープン所内研修とは，当保育所の所内研修を町内保育所の保育士に公開するものであり，詳しくは第10章の「4. 地域保育への広がりを求めて」を参照されたい。

表2−1　所内研修経過（5年目）

月	内容
4月	1週　保育計画，方針，行事計画について確認 2週　保育内容（絵本，飼育，栽培，絵本，世代間交流活動など） 3週　1人ひとりの子どもの状況について（新入児27名の子どもの状況） ※4週　事例検討（5歳児）「友達とのトラブルが多いアキラ君への関わりについて」（講師により助言）
5月	1週　育児支援事業"あそぼう広場"について ※2週　事例検討（4歳児）「時間をかけて"人と関わる"力をつけていくツヨシ君をめぐって」（講師により助言） 3週　年齢別検討会（4, 5月の保育室の様子について） 4週　公開保育事前資料（「4月に担任しての思い」について）検討
6月	1週　公開保育時の指導案について 2週　公開保育事前資料について（講師により助言） 3週　年齢別検討会（6月の保育室の様子について） 4週　公開保育事前資料（「子どもの姿」について）検討
7月	1週　公開保育事前資料修正 2週　ライオン組お泊まり保育について打ち合わせ 3週　年齢別検討会（7月の保育室の様子） 4週　公開保育事前資料検討（講師，研究保育委員会メンバー参加）
8月	1週　ライオン組お泊まり保育反省会 2週　保育室，遊戯室，園庭の環境設定の見直し 3週　運動会，大久保保育所新規事業について 4週　年齢別検討会（8月の保育室の様子）
9月	1週　公開保育当日のデイリープログラムについて 2週　公開保育当日資料（「1人ひとりの子どもの姿」について）検討 3週　運動会打ち合わせ，年齢別検討（9月の保育室の様子） 4週　公開保育当日資料について（講師により助言）
10月	1週　公開保育当日資料最終確認 2週　運動会の評価，反省 3週　公開保育当日運営（年齢別分科会について） 　　　公開保育当日指導案について（講師により助言） 4週　公開保育評価と反省
11月	1週　世代間交流事業「やきいも会」打ち合わせ 2週　公開保育評価と反省会（講師により助言） 3週　年齢別検討会（10, 11月の保育室の様子） 4週　保育用品について（次年度に向けて）

月	内容
12月	1週　世代間交流事業「餅つき」打ち合わせ ※2週　事例検討（3歳児）「他者をよせつけないアサミちゃんをめぐって」 3週　年齢別検討会（生活発表会，保育用品について，12月の保育室の様子） 4週　1月から3月までの保育の見通し
1月	※1週　事例検討（2歳児）「自己主張が強すぎるトオル君をめぐって」（講師により助言） ※2週　事例検討（1歳児）「乱暴ですぐにパニックを起こすタカシ君をめぐって」（講師により助言） 3週　生活発表会・お別れお楽しみ会について 4週　今年度保育所運営について評価と反省
2月	1週　今年度研修について評価，反省 2週　生活発表会打ち合わせ 3週　保育計画・年間指導計画・年間行事・園外保育評価と反省　次年度計画作成 4週　所内研修・生活発表会評価と反省
3月	1週　修了式について 2週　次年度保育について（環境，準備と整え） 3週　各年齢保育室の環境整備 4週　次年度クラス担任について

※印は，事例検討

参考文献
加藤繁美　1997　子どもの自分づくりと保育の構造：ひとなる書房
村田保太郎　1990　幼児理解と発達課題の実践：保育の根っこにこだわろう
　　全国社会福祉協議会

❖ 第3章 ❖

1歳児の姿と保育者の思い

1. 保育者の思い

[1] ヒヨコ組への期待

　保育者との間の信頼関係を支えにして，周りにいる友達への関心の芽生えがでてくる1歳児期。顔を見合わせて，笑い合ったり，友達と同じ玩具をもって遊んだりすることが嬉しくて，嬉しくてたまらない子どもたち。このような子どもたちに「友達と一緒に遊ぶって楽しいね」という経験をたくさん積み重ねていきたい。同時に友達との間でのぶつかり合いを経験していくが，自分の思いを言ったり，友達の思いを知ったりしていけるように，保育者が，子ども1人ひとりの子どもの気持ちを受け止め，子ども同士の気持ちのつながりがもてるよう関わりながら友達関係を広げていきたい。

[2] 担任になって

　ヒヨコ組は男の子2人，女の子6人と担任保育者2名でスタートした。保育のスタートにあたり次の2点をポイントにしようと確認し合った。
　①初めて出会った母親以外の大人である私たち保育者を信頼し，そのことを基盤にしてやりたいことが十分できるよう，生活，遊びの環境を整えていく。
　②子どもたちが，身も心も包みこまれ，愛され守られているという安定した気持ちで毎日を過ごせるよう，1人ひとりの子どもの行動や言葉をしっかり受け止め，気持ちに寄り添っていく。

2. 子どもの姿

　全員は無理だったが，毎日必ず数人の子どもの記録をとった。それをもとに，クラス全体や子ども個人の経過を追うことにした。月別個人記録の例を表3-1（p.25）に示す。

[1] クラスの子どもたち
　1）4月〜6月　先生大好き！　先生と一緒っていいなぁー
　初めての集団生活に入ったため，不安な思いを小さな体で思いっきり泣いて表している8人の子どもたち。母親と離れると感じた時から泣く子，不安と緊張から立ち止まったまま動かない子，抱かれたら泣きやみ，降ろされるとお母さんを思い出してまた泣きだす子など，自分の思いを言えない子どもたちが不安を体全体で表している。
　このような子どもたちを前に，どうしたら安定した気持ちで遊ぶようにできるのだろうと考えた。依存性が強く，特定の大人に甘えたい時期なので主に関わる保育者を固定化していくことで気持ちが安定していくのではないかと思い，2名の保育者がそれぞれ担当する子どもたちを決めた。おかしなもので，保育者と子どもの相性みたいなものがあるのか，求め合う糸のようなものがあるのかA子ちゃんとD保育者，B子ちゃんとS保育者というように主に関わる子どもが自然に定まっていった。特に食事時には座る席を固定し，4人で一グループとし，いつも一定の保育者が関わるようにした。1人ひとりの子どもの好き嫌い，食事量，食べる時の癖などがわかって関わることができ，子どもたちの気持ちの中に，先生が傍にいて見てくれているという安心感が生まれていったように思う。
　朝，母親と別れると，床に足を降ろそうともしないF子ちゃん。D保育者が抱っこしたり，おんぶしたりしながら気持ちを落ち着かせ，園庭での砂遊びに誘ったりしていった。食事時には必ず傍についていることで，D保育者に自分の思いを指差しや手をさしのばすなど身振りや片言で，思いっきり甘えるようになっていった。S保育者が心を込めて関わっても，F子ちゃんは，D保育者

でなければならなかった。この逆の場面も多く見られた。

<u>机と椅子にその子のシンボルマークを決め貼った。自分のマークのついた椅子は1人ひとりの子どもの居場所になっていき，集団の中で安定して生活できるようになっていっ</u>

いつもの場所だから安心して食べられるよ

たように思う。また，自分の居場所ができたため，「自分」という存在が確かなものとなってきたのであろうか，「これAちゃんの」という意識もはっきりとあらわれはじめた。自他の認識を高めるにはまず，自己をしっかり意識づけることが大切であると実感した。保育者が抱っこやおんぶをして，不安な気持ちを受け止めていったところ，少しずつ気持ちが安定しいろいろな物に触れたり，興味のあるところにいくようになっていった。<u>この時，保育者2人ともが子どもの動きに合わせて動き回るのではなく，1人が子どもの居場所の確認をし，1人はデーンと構えていると自然に子どもたちは保育者の傍で遊び始めることが分かった。</u>D保育者が砂や泥を容器に入れる遊びを始めると子どもたちも傍で繰り返し遊ぶ姿が見られるようになっていった。

このように，保育者が傍にいることで，部屋の中では，ボタン落としやいたずらボックス，戸外では，砂や泥を容器に入れたり，コンビカーやブランコに乗って遊んだり，1人ひとりが好きな遊びを何度も繰り返すようになっていった。また，他児の持っている玩具に興味をもち始めると，保育者の傍を離れて取りに行ったり，傍にいってしゃがみ込んで遊んだりなど，保育者から離れることができるようになった。

2）7月～9月　これ大好きいっぱーい遊びたい！

不安でいっぱいだった子どもたち1人ひとりが安定して生活できるようになってきた。ままごと遊びでは，玩具の食べ物をサクサクと切り，切った食べ物

を皿にのせお盆で運ぶ姿が見られるようになった。また，ボタン落としやパズルなどでもじっくり遊ぶ姿が見られるようになってきた。

　ボタン落としの大好きなG子ちゃん。食事前，よく1人で楽しんでいた。「お食事だよ」との保育者の言葉も届かないくらい熱中していた。他の子どもたちは食事を始め，G子はその様子を見ているようにも思えた。きっとみんなが食べ始めていることは，わかっていても全部のボタンを落としたいと思ったのだろう。ボタンを1つ，2つと落としていって，全部落とし終わると，玩具棚に戻し，何も言わずに手を洗い始めた。

　G子は心ゆくまでできたことで，自分で遊びに区切りをつけて食事の席についた。改めてじっくり遊ぶ場と時間の保証の大切さを感じさせられた。これまではオープンにしていたフロアを，棚で2つに区切り，パズルやいたずらボックス，ボタン落とし，絵本，描画などじっくり遊べるコーナーとし，他方をカセットデッキやブロック，ボールなど動的な活動のコーナーとした。

　他児が，片言やしぐさで「どうぞ」と保育者に食べ物を持ってきたり，ぬいぐるみをおんぶしたりしている姿を見て，自分もしてみようという気持ちが見られるようになってきた。他児の持っている物に興味をもつようになってくると，自分も使いたいという気持ちから，水遊びで水道のホースの取り合いをしたり，ジョーロやバケツを抱え込んで離さなかったりと自分の好きな物に執着するようになってきた。自分の気持ちを言葉で十分言うことができない子どもたちは「ダメー」「○○の」と力いっぱい言ったり，泣いて足をタンタンと鳴らしたりと全身で抵抗する姿が見られる。このような時「○○ちゃんも使いたいんだよね」と保育者が子どもの思いを言葉にして表現したり，「★★ちゃん終わったらしようね」と，○○ちゃんと★★ちゃんの気持ちをつないでいくなど1人ひとりの子どもの気持ちに丁寧に関わっていくようにした。保育者の関わりにより多少は他児の気持ちを知るようになったと思える。

　しかし，まだまだ「自分のもの……」という気持ちが強い時期である。いろいろな種類の玩具（貝落とし，ボタン落とし，いちご落とし，布絵本，ひも通し，指人形など）ばかりではなく，同種の玩具（アンパンマンのお面やマント，レゴブロックなど）も多く準備していくことで子ども同士のトラブルをできるだけ少なくし，一緒に遊ぶ楽しさを感じるようにしていった（「**3．保育室の様**

子」(p.33) 参照)。

9月頃より散歩を多く入れていった。毎日近くの神社や小馬のポニーのところへ出かけた。子どもたちに「粟島神社に行ってブランコに乗ってこようね」「ポニーに人参やってこようね」と声をかけると喜んで、自分からズ

じっくり遊べるブロックコーナーで、なに作ろうかな

ックをはこうとしたり、人参をにぎりしめたりなど張り切って出かけるようになった。ポニーのお家に到着すると、さっそく餌の人参をあげるT君。でもちょっぴり怖いN君。ポニーに近づこうとするが「怖い、怖い」と言って、その場に座りこんでしまった。『みんな一緒だから、安心してね』という思いを伝えたく「先生におんぶして一緒に見に行こう、みんなと一緒だよ、ちょっとポニーのところへ行ってみよう」と言うと「うん」とうなづいた。遠くからでもポニーは見えるが、みんなと一緒に見たり、餌をあげたりできたらと思った。おんぶして見に行くうちに、背中から人参をあげることができるようになった。「N君、あげたね」と言うMちゃん。ポニーに興味津々で、ポニーに近づいて、人参や草をあげることのできるMちゃんは、怖がっていたN君が餌をあげるこ

とができるようになって嬉しかったのだろう。保育者の思いが、N君だけではなく、Mちゃんにも伝わったことを実感した。このような、ささいなことが積み重なって、子どもたちの心のつながりが広がっていったのである。

散歩の道すがら、石や

友達が一緒だから餌をあげるのもこわくないよ

松ぼっくりを拾って保育者に見せたり、ブロック塀の凹凸に興味をもち、満足するまでその場に立ち止まり凹凸を触っていたりする姿も見られるようになった。寝そべっている犬の様子を見て「わん、わん、ねんねしとるねー」と言ったり、ポニーが人参をバリバリと食べる音を聞いて「食べとるねー」「おいしいって」と見たり、思ったことを言葉で伝えるようになってきた。このような子どもの言葉に「おいしい、おいしい言って食べてるね」と言葉を補って応え、子どもの気持ちに共感していく関わりを心がけた。

3）10月～12月　「かして」って言うんだよね、でもやっぱりボクだけのものなんだ！

　散歩で出会った犬。「わんわん」と言う一語に思いを全部のせている子、「わん、わん、ねんねしとるねー」と二語文で表現できる子。玩具、犬、小馬、石や松ぼっくりなど物を媒介としてずいぶんと言葉がでてきた子どもたち。保育者も共感的な応答をますます心がけるようになった。

　積雪期をむかえる前に、十分戸外遊びを楽しませたいと思い、子どもたちを積極的に園庭での遊びに誘った。中でも砂遊びは大好きで、保育者が型抜きに砂を入れ固めた物を皿に並べると、作った物から順に壊し、保育者が作ると、また壊すことを楽しんでいる。形作られたものを壊す楽しさもさることながら、先生はまた作ってくれるという安心から壊しているのではないだろうかと思い、十分楽しませた。壊すことを十分楽しむと、自分で型抜きに砂をいれ、ギュッ、ギュッと保育者のやったように、上から固くなるまで手で押さえてお皿にひっくり返し、自分でできたことを喜ぶ姿が見られた。そのうち砂を手で固めて「おにぎりできた」と見せたり、鍋に砂や木の実を入れ混ぜながら「食べていいよ」と差し出したりなど、保育者と言葉のやり取りを楽しむ姿が見られた。

　また、大きいクラスの子が運動会ごっこをしていると、初めは見ているだけだったのが、カセットから知っている曲が流れると一緒に踊りだしたり、「○○も」と言ってスタートラインに並びバトンを持って走ったりするなど、他児と同じことをして遊ぶことを楽しむ姿が見られるようになってきた。保育者のやっていることを真似たり、他児と同じことをしたいという思いが強くなってきていることを感じた。このような時期、「先生も一緒にヨーイドン！」と言

って一緒にかけっこをしたり，「楽しいね」と一緒に踊ったりなど，言葉を添えながら，子どもと心を共にしてやり取りしていくことが大切なのではないかと思う。

　他児と関わって遊ぶようになると，玩具，遊具の取り合いや，自分の思い通りにならない時に叩く，押すなどの行動で自分の思いをより強く表すようになってきた。保育者が，采配を振るって収めるのではなく，1人ひとりの子どもの自己主張の道筋と捉え「～したかったんだね」と心に寄り添う関わりをしていった。しだいに「かして」「いいよ」などの言葉が聞かれるようになった。遠回りのようにみえても，子どもの気持ちに寄り添うことが友達を思う気持ちにつながるのではないかと実感した。自分の大好きな絵本を持ってきて「読んで」「もういっかい」とひざの上にちょこんと座り，読んでもらうことを喜ぶ姿が見られた。しかし，「自分だけの先生でいてほしい」「自分のために読んで欲しい」という気持ちが優先され，ひざを取り合い自分が持っている絵本を読んでほしいと要求する子どもたち！他児が一緒に見ようとすると「いや」「だめ」と言って相手を押したり，叩いたりするまでに及ぶ姿が見られた。保育者が「〇〇ちゃんも見たいんだって」と他児の気持ちを言葉で表現するようにした。そのような関わりの中でひとり占めしたいという思いから，一緒に見てもいいかな？という気持ち，つまり他児の気持ちを知り受け止める思いが芽生えてきたように思う。

　「いや！」「だめ！」を「自分に～してほしいんだよ」「自分でしたいんだよー」という気持ちの表れと受け止め，まだ言葉でうまく伝えられない双方の子どもの思いを保育者が言葉に置き換えたり，子どもと子どもの思いをつないだりすることを大切にして関わることとした。

　また，一方で保育者との1対1の関わりを求める気持ちに応えていくことを忘れてはならないと思った。他児との関わりが多くなるにしたがって，より一層保育者が心の拠り所となっていかなければならないということを強く感じた。

4）1月～3月　「〇〇ちゃん～した」「〇〇ちゃん，いやなことする」でも友達と一緒ってなんだかいいんだよね

　積雪期に入り，室内での遊びが多くなっていった。部屋の中での遊びの充実

と，2歳児（アヒル組）室との交流をポイントに保育を進めていった。なぐり描きを十分楽しめるようにマジックを置いたり，丸める，ころがす，ちぎるなどができるように手や指先を使って遊ぶ物を準備したところ，じっくりと遊び，ぬり絵では線からはみださないように集中して色をぬるまでになった。1人で遊びを楽しみながらも，他児のしていることが気になり，友達が保育者に作ってもらった粘土のボールやへびを，自分も作って欲しいと保育者に言い，作ってもらうと「一緒だね」と友達と並べている姿も見られた。物を仲介にして保育者と関わり，その関わりがもとになって子ども同士がつながっていく育ちを実感した。子ども同士の心がつながった時点で，余分なことは言わないで傍で見守っていくことの大切さも同時に感じた。1人ひとりが時には他児と関わりながら，時には自分の好きな遊びを満足するまで楽しんだりする姿を見ていると，4月入所当初の子どもたちの姿を懐かしく思いだし，子どもたちの成長をうれしく感じた私たちだった。

　また，大好きなアンパンマンの曲を流すと，手をつないで輪になり顔を見合わせて笑ったり，勢いよく回ったりして友達と同じことをするのが楽しくてしかたがないという表情だった。

　2歳児室に行くことも平気になって，2歳児室のぬいぐるみをおぶったり，ままごとコーナーでごちそうづくりをしたり，道路地図の布を広げて車を走らせたり，♯型ブロックを並べて道を作って遊び，もう2歳児組になった気分になっているのではないかと思うくらいの姿だった。

　このように，友達との関わりや活動範囲が広がると，したいことが今まで以上に多くなり，自分の気持ちを伝えたいという思いが強くなるため他児との間にトラブルが多くなってきた。「○○ちゃん，いやなことする」などの言葉が聞かれるようになってきた。まだまだ自分の思いがうまく表現できない子どもたち。保育者として気持ちの寄り添いと双方の思いの代弁を丁寧にし，子ども同士の気持をつなげて，2歳児に進級させていきたいと思った。

　このように1年間を振り返ってみると，保育のポイントとしてあげた2点（p.17「[2] 担任になって」参照）がとても大切なことであり，1歳児期は愛して包みこんで「人と関わるっていいなぁ」という気持ちを育てることが第一義なのだということを実感した。そして，保育者と子どもの中に培われた信頼関

係を基盤に1人ひとりの子どもが自分の世界をもち，友達と関わっていく力をため込んでいくのを側面から援助していくのが保育者の役割なのではないかと思った。

[2] 乱暴ですぐパニックをおこすタカシ君をめぐって（個別事例）

9月生まれのタカシ君は共働きの両親と祖母に育てられ，兄は5歳児クラスにいる。好奇心旺盛で保育所内のどこへでもでかけていってしまう。身体を動かすことが大好きで曲が流れるとステップを踏んだり，追いかけられて走ったりすることを喜ぶ。しかし，他児の頭を玩具の鍋でたたいたり，服をひっぱったり，押し倒したりする。また，思いどおりにならないととろこかまわずひっくり返るという行動で自分の思いを表現している。いわゆる手のかかるタカシ君を追うことによって，タカシ君が安定した気持ちで保育所生活を過ごし，自

表3-1 タカシ君の月別記録の例

名前　タカシ君	子　ど　も　の　姿
6 月 （1歳7ヵ月）	遊戯室や室内を動き回ったり，外ではコンビカーや三輪車を乗り回したり行動範囲が広い。また，<u>いろいろな物に興味を示し，見たり触れたり好奇心旺盛である</u>。高い所に登ったり，跳んだりすることもあるので危険のないよう見守りながらやりたい気持ちを満たせるよう関わっていきたい。
9 月 （2歳0ヵ月）	大きい子の真似をして活発に動いたり，保育者との追い駆けっこやボール転がしを喜んだりする。時には机に上がったり，飛び降りたりを繰り返し，止めようとすると床に伏せて泣く。また，<u>自分の欲しい物があると強く要求する姿が見られる</u>。このことを自我の芽生えと捉え，危ないことを知らせながら，やりたい気持ちや要求をしっかり受け止め関わっていきたい。
12 月 （2歳3ヵ月）	思い通りにならないと「いや，いや」と言って泣いて暴れることもあるが，<u>保育者の言葉を理解し気持ちを切り換えるようになってきた</u>。また，言葉では伝えることができない気持ちを叩いたり，押したりするという行動で表すこともあるが，気持ちを受け止め，満足できるまでやれるよう関わっていきたい。
3 月 （2歳6ヵ月）	遊戯室や各クラスに行き，大きい子に混じって遊んだり，曲が流れると身体を動かしたり，走ったりなど，行動範囲が広く，活発に動き回るようになる。<u>言葉も少しずつ理解できるようになってくると，満足いくまで遊んだ後は思い通りにならない時でも泣いて暴れるということが少なくなってきた</u>。本児の気持ちに寄り添い，心落ち着くまで，時間をかけて関わっていきたい。

分の思いを素直な行動で表現できるような保育者の関わりや援助のあり方を探ってみたいと思った。

1）5月の場面　黄色のコンビカーが大好き

入所して早くも2ヵ月が過ぎようとしている。朝早く母と兄と一緒に保育所にくるタカシ君。年長組の兄が一緒なので，心強いようである。年齢特有の好奇心の旺盛さに，本児自身の持ち前の元気さが加わって，保育所内を走り回る。保育者同士「タカシ君，ただいま，○○歳児クラス」と連絡し合って居場所を確認する毎日である。そんなタカシ君，好きな遊びがみつかった。コンビカーを乗り回すことである。何台もあるコンビカーの中で，黄色のコンビカーが大好きで園庭に出ると毎日がドライブである。平坦な所をドライブするのはもうマスターしたタカシ君。最近は庭にあるスロープを滑り降りるのが，楽しみなのである。滑り降りたタカシ君，今度は乗ったままでスロープを上がろうと足をフル回転させて頑張っている。「乗ったままでは上がれないぞ」と思ったのか，降りて押し始めた。力もちのタカシ君，スロープなんかなんのその，「うんとこしょ，どっこいしょ」と自力で押し上げるまでになっている。ある日，いつものようにドライブだと園庭に飛び出したタカシ君。ありました，ありました，あの黄色いコンビカー。乗ろうと張り切ったのだが，実は先客あり。3歳児クラスのA君が乗っていて，ちょっとお休みしていたのである。タカシ君が乗ろうとするとA君は「ボク乗っとったもん」と言って，タカシ君の目の前で乗って行ってしまった。乗りたくて仕方がないタカシ君，その場でひっくり返って暴れ始めた。最近では，保育者の言うことが分かり「鼻でたね，ティッシュ持ってきて」とお願いするとちゃんと持ってくることができるようにまでになってきているのに，大好きな物は絶対，「僕のもの」なのである。

2）6月の場面　「おかわり」

食欲も旺盛な，タカシ君。自分の分のいちごを食べてしまうと，隣のU子ちゃんのお皿の上のいちごを指さし，欲しいと泣く。「U子ちゃんのだか

> ら，今度またね」と保育者が言うと，椅子から降りて床に仰向けに反り返って一層激しく泣き暴れる。こんな姿がずーっと続いていたのに，突然「おかわり！」と言えるようになった。牛乳が大好きで，ごくごく飲みっぷりもよく，何回も「おかわり！」と言って，コップを保育者に差し出す。「たくさん飲んだから，これでごちそうさまにしようね」と保育者がいうと，まだまだ飲みたいので大暴れ。抱っこして，落ち着かせてから，「たくさん飲んだよね。ポンポン痛くなるから，またこんど」と言い聞かせをすると，納得するようになってきた。

　入所以来，他児とは比べものにならないくらいの行動範囲の広さと，好奇心の旺盛さで，時には安全の保証をしかねた。安全認識の不十分な時期の本児には，担任同士の連絡はもとより保育所全職員でネットワークをつくって本児の保育をすすめてきた。本児の活動の範囲，よく行く保育室，興味をもって触るものを観察し，確認した。そのことから本児の行動範囲や興味あるものが少しずつ分かってきた。身体を動かすことの大好きなタカシ君は，歩くよりもスピード感のあるコンビカーを乗り回すことが大好きな遊びになった。何台もあるコンビカーの中でも黄色のコンビカーがお気に入りになったのは，色が気に入ったのか，乗り心地がよかったのか分からないが，とにかく『黄色のコンビカー』でなければ，納得がいかなかったのである。だからひっくり返ってでも自分の思いを，保育者に伝えたのである。あるだけのエネルギーを集中して発散させるタカシ君を目前にして，保育者が覚悟して関わることが必要な時期なのではないかと考えた。
　しかし，もう一面では，おやつ時，自分の分のいちごは食べたのに，隣のUちゃんのが欲しいと指さしたり，お外へ行きたいから連れてってと言わんばかりに，手をさしのべたりして自分の思いを伝えるようにもなってきている。「食べたいのね，でもこれUちゃんのだよ，またこんどね」「お外に行きたいの，おやつたべてからね」と言葉に置き換えていくようにしていくことも忘れてはならない関わりだと思った。
　本児の思いを言葉に置き換えていくようにしていったところ，「おかわり」

と言葉でしてほしいことを言えるようになった。そうなるとしだいにタカシ君にとって大事な人や大好きな物の名前（「ママ」「せんせい」「ぎゅうにゅう」など）を次々獲得し，言葉の発達が進んでいった。

3）7月の場面　先生，ナイスキャッチだよ

> 　活発な遊びが大好きなタカシ君，遊戯室が大好きである。遊戯室には，ライオン組にいるお兄ちゃんもいるし，大きい積木やカラーボックス，ボールもあって，ポーンと飛んだり，ボールを転がすことができて，タカシ君にとっては最高の遊び場になっている。でも，やりたがりやのタカシ君。ボールを蹴ってのサッカーごっこ，カラーボックスを高く積んでのジャンプごっこなど，お兄ちゃんたちのしていることを真似たがり，危なっかしくて，保育者はハラハラのしどおし。そこで，サッカーごっこに誘ったところ，乗りに乗って，保育者相手にボール転がしを楽しむタカシ君。「タカシ君，いくよ」と保育者が，ボールを転がすと，転がってくるボールを手や，足で受け止めようと一生懸命である。受け止められないことが多く，ボールはタカシ君の横をすり抜けていってしまう。でも，そんなことなんかはなんのその，ボールを追いかけていく。ボールに追いつくと，うれしくって，うれしくって，保育者に向かって転がし返そうとする。「タカシ君，コロコロだよ」とかけ声をかけると，張り切って転がしてきた。

4）9月の場面　先生，追いかけてきて！

> 　遊戯室での過激な遊びが保育室でも始まった。活発で動き回るのが大好きなM子ちゃんと一緒に机の上に登ったり，跳んだりすることを繰り返し楽しんでいる。パズルやボタン落としなどが置いてある棚（「3.保育室の様子」p.33参照）は机より高いので登るのは禁止されているが，時にはその棚にも登ったりする。保育者と目があうと一時は登るのをあきらめるが，目がそれるとまた登ろうとする。保育者が近づいていくと，「追いかけてきて」と言うように，にこにこ笑いながら逃げていく。「パズルをしたり，絵本を読んだりするところだから登らないでね。危ないよ」としっかりと目

2. 子どもの姿　29

をみて話しをすると，神妙な表情になる。でも，まだまだ「やりたいことは，やりたい」タカシ君。止められるのが絶対に嫌な時もある。そのような時は床に伏せて，泣き始める。この頃から，「お茶，牛乳ちょうだい」と，欲しいものを，言葉で伝えたり，淋しくなると，実力行使するのではなく泣きながら「ママー」と言って言葉で自分の感情をだすようになってきた。

　言葉がでてくると，保育者や友達と物を媒介にして，やり取りのある遊びを楽しめるようになってきた。ボールを転がすと受け止めたり，棚に上がるので「いけないよ」と止めると逃げていってしまうなど，本児にとっては，保育者から注意されて逃げるのもボールの転がしっこと同じようなもので，遊びと捉えているのではないかと思えた。つまり，「逃げる」と「追いかけてくる」ことを楽しんでいるのではないか。それなら，保育者自身がそのことを楽しもうと思った。そう思い直すと「タカシ君のすることが可愛い」「次は，何をしてくれるだろう」という楽しみとゆとりの気持ちがでてきた。また，自分の思いが通らないと，仰向けになって暴れていた本児が，うつ伏せになって，泣くようになった。このことを疑問に思い事例検討会で提案したところ，他者から見られる自分を意識するようになったのではないかという点で一致した見解が得られた。過激な行動も少しは落ち着いてくるかもしれないと思えた。

5）10月の場面　「僕のコンビカー，さがしにいこう」

　園庭のすべり台にもしっかりとした足どりで上がり，滑り降りる爽快感も知っているタカシ君。繰り返し滑り降りていた。何回目かに滑り降りた時，近くにコンビカーがあった。次は，コンビカーに乗って遊ぼうと思ったタカシ君，乗って「いざ出発！」と動こうとしたところに，「Nの」と言われてしまった。N君が乗っていたコンビカーだったのである。ちょっとお休みしていただけなのである。タカシ君はどうするかな？　じっとN君の顔を見ているタカシ君。「これ，N君が持ってきた車だから，タカシ君の探してこよう」と保育者が言うと，わかったという表情で，すんなりコン

> ビカーから降り，保育者と手をつないでさがしに行ったのです。

① 「自分も乗りたいけれど，N君が乗っているから別のに乗ろう」と保育者と別のコンビカーを探しにいくまでに，成長したタカシ君。
② タカシ君が保育者の言葉を理解し，N君の気持ちもわかり「自分も乗りたいけど，N君が乗っているから別のに乗ろう」と気持ちを切り換えられた本児の成長や，本児とN君の心のつながりを感じることができ，うれしく思った。
③ この場面では，本児がN君のコンビカーに乗り動き出そうとするところで，保育者はN君の気持ちを代弁し，本児に話しかけている。保育者がトラブルになることを避けたため，本児とN君の気持ちを察したかのように対処してしまったことが悔やまれた。
　「タカシ君がコンビカーを自分でゆずるまで，なぜ，待てなかったのか」という疑問が筆者自身に湧いてきた。
④ そこで，タカシ君が泣いた時や他児に嫌がることをした時，保育者がその場面を見て，一方的に言葉をかけるのではなく，次にどのような行動に移るのか，心の変化を探り，少し待ってみようと心がけるようにした。

6）12月の場面 「自分で！」

> 「自分で，自分で」「いや！いや！」を連発するとともに，背中によじ登ってきたり，「抱っこして」と求めたり，「食べさせて……」と大きな口をあけて待っていたりと，自分だけ見てほしいという甘えが目立ってきた。
> 　お昼寝から目覚めたタカシ君。紙パンツが濡れていなかったので，トイレへ誘うと，たっぷりおしっこをしてスッキリ！　自分で紙パンツをはき，ズボンをはこうとしたが，お尻のあたりで紙パンツがひっかかり思うようにズボンがあがらない。そこでひっかかったところを，ちょっと指で持ち上げた瞬間，床に伏せてくやしそうに泣き，泣きながら，今はいたズボンを脱ぎ始めた。全部脱ぎ終わると，またズボンを自分ではき始めた。今度はお尻のひっかかりもクリア，はき終わったところで「自分ではけたね」

と声をかけると，保育者に抱きついてきた。その顔は，とっても満足したという表情だった。

7）3月の場面　N君と一緒，楽しいな

「遊戯室で遊ぼう」と保育者が声をかけると，タカシ君とN君と一緒に遊戯室へ一目散に駆けていった。途中で，慌てすぎてつまづき転んでしまう。心配そうに見ているN君。保育者が「痛いの，痛いのとんでいけー」と言いながら，痛いところを撫でると，N君も座りこんでタカシ君の顔をのぞき込んでみている。タカシ君，すぐに泣き止んで，N君と遊び始めた。タカシ君が並べてある積木の上を歩くと，N君もその後をついていく。N君がマットの上で寝ころぶと，タカシ君もその横に寝ころび顔を見合せている。お互いに，意識していて「同じこと」をしている。園庭では，後先になりコンビカーを楽しんでいた。

いよいよ「自分で！ 自分で！」がでてきたということを，実感。自分ではこうと思っている本児の気持ちの強さに気づかず，ひっかかたところをちょっと手伝ってしまった。「自分で，はけたよ」という気持ちをもってくれればという，保育者の思いやりが，おせっかいになってしまうこともあるのだと，反省しきり。

このような本児にN君という，とても気になり，一緒に居たい刺激的な友達ができた。N君もタカシ君と同じ気持ちで，一緒にいるって楽しいなぁという様子で遊んでいる姿が多く見られる。もうすぐ2歳児に進級する本児。「自分でしたい」という気持ちと「ちょっとお手伝いしてほしいなぁ」という甘えとが交錯しながら成長していくであろう本児。その時々の気持ちに寄り添う関わりをしていきたいとより一層思った。

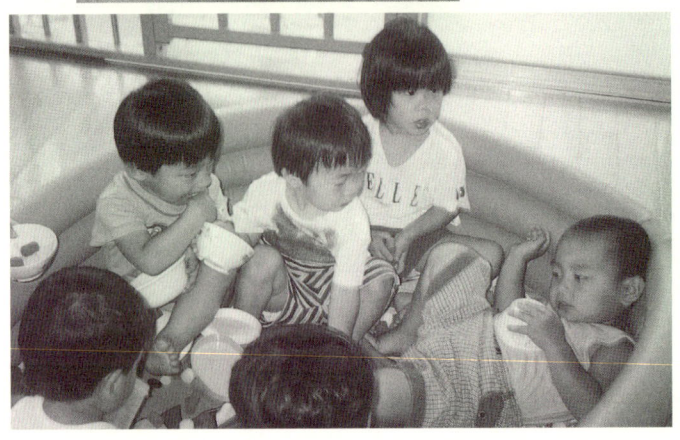

第3章　1歳児の姿と保育者の思い

3. 保育室の様子

4. デイリープログラム

表3－2　ヒヨコ組（1歳児）のデイリープログラム

時　間	生活の流れ	子どもの活動	保育士の養護・援助事項
7:30	登　所 （早朝保育）	◎挨拶をする。	・個々の子どもに応じた挨拶を，親しみを込めて伝える。
		◎視診を受ける。	・子どもの健康状態を観察（顔色,目,鼻汁,検温,機嫌）したり，保護者に状態をたずねたりする。
			・保護者と離れた時の不安感を取り除くよう，スキンシップ等を心がける。
		◎好きな遊びをする。	・1歳児に適した遊びの環境をつくり，子どもの興味や反応などをよく観察する。 ・ひとり遊びを十分楽しませる。
	片付け	◎保育者と一緒に片付ける。	・ひとり遊び用の玩具類はその都度，保育者と片付けながら，片付けの習慣化を図る。
	排　泄	◎おむつを替えてもらう。 ◎トイレで排泄する。	・おむつを替えながら，スキンシップや手遊び等，気持ちの交流を図る。 ・個々に適した排泄時間を把握しながら，誘いかける。 ・トイレでの紙の使い方，水の流し方を保育者が横で介助しながら，繰り返し知らせていく。
		◎保育者と一緒に手を洗う。	・一緒に手を持ちながら，水道をひねったり，手をこすりあわせる，タオルで拭く等して個々の子どもの身につくようにする。
		◎保育者と一緒に遊ぶ	
9:30	おやつ	◎座って食べる。	・子どもが使う口拭きタオルは，事前に消毒に浸しておき，使うときに出していく。 ・「いただきます」や「ごちそうさま」の挨拶ができるよう言葉を添える。又，言葉で言えない子どもには，手を合わせるなど動作で知らせていく。 ・コップ，皿，口拭きタオルを決まった場所に，運ぶことを1人ひとりにやさしく誘いかけていく。
	遊　び	◎保育者や友達と一緒に遊ぶ。	・1歳児の興味を示すような玩具を整備するとともに，遊びに集中できるよう場の保障をする。 ・心地よい安定した生活の中で，保育者や友達と遊びたい気持ちを育む。 ・個人差を理解し，集団での遊び方は指導方法を工夫する。 ・2歳児の刺激を受け止め，模倣しようとする気持ちを大切にする。
11:15	排　泄 手洗い	◎おむつを替えてもらう。 ◎トイレで排泄する。 ◎保育者と一緒に手を洗う。	・デイリープログラムにこだわらず適宜排泄に誘い，一緒にトイレまでついて行き，紙の取り方,水を流すことなどを知らせていく。

4．デイリープログラム

時　間	生活の流れ	子どもの活動	保育士の養護・援助事項
	食　事		・個々の子どもの状態に合わせて，食事の時間や食事量を加減する。
		◎挨拶をする。	・言えない子どもには「一緒に言おうね」と誘いつつ，挨拶を知らせる。
		◎食べようとする。	・手づかみでも自分で食べようとする意欲を大切にする。 ・こぼれたことを，とがめないで失敗感をもたせないようにする。
		◎食器を片付ける。	・片付けたことを認め，きれいになったことの気持ちよさを共感していく。
			・食後，手や顔を拭いてもらったり，自分で拭こうとしたりしてきれいにする気持ちよさを知らせていく。
12：00	午睡準備	◎薄着になったり，パジャマに着替える。	・パジャマに着替えるのは，個々の子どもの着脱の様子を見ながら，個々の子どもに合わせて進めていく。
			・午睡時に絵本を読んだり，ぬいぐるみを持つなどして，安定して眠りにつけるようにする。
			・室温，換気，寝具の調節など心配りする。
		◎目覚めた子どもから排泄し，着替える。	・目覚めた時に安心感を感じられるよう，ゆったりと関わる。
15：00	おやつ	◎座って食べる。	・目覚めた子どもから食べ始められるよう，準備する。
			・2歳児のおやつの準備，片付けの様子をみる場とする。模倣（自分もやってみたい）しようとする気持ちを大切にする。
16：00	降　所	◎お迎えのある子どもから，順次帰宅する。	・保護者に，その日の生活や遊びの様子を伝えたり，家での様子から，援助方法を考える。
			・保育者と家庭で，子どもに対しての関わりについて，差異がないよう，こまめに話し合っていく。
	遊　び	◎好きな遊びをする。 ◎挨拶をして帰る。	・残っている子どもには，さみしくないよう，絵本の読み聞かせパズルやその他の玩具での遊びなど，子どもの要求に応えていく。
16：30	長時間・延長保育	◎長時間・延長保育児はそれぞれの保育室で遊ぶ。	・保護者への連絡事項が必要な時は，延長保育担当保育者に伝えておく。
			・5時15分まで，3歳以上児と保育室を分けて，落ち着いて遊びができるよう配慮する。
19：00	最終児降所		・お迎えの遅い子どもは，気温に応じて衣服の調節をする。

5. クラスだより

ヒヨコぐみだより　　　7月号

佐山　京子
堂林三起子

　暖かい日差しから、暑い日差しになってきました。水に触っていれば、もう満足な子どもたち・・・！そこで、庭で遊んでいる子どもたちの様子をお伝えしたいと思います。

　暑い日が続き、シャツと紙パンツになって水遊びの始まりです。ベビーバスやタライに適量の水を入れます。子どもたちは、ペットボトルや茶碗・コップ等を自分で取りに行ったり、先生に持ってきてもらったりして、遊び始めます。まだ、しゃがむことがうまくできない子どもは、ベビー椅子を準備しています。その様子を見て、自分も座りたいと思うと一人で取りに行き、持ってきて座る場面も見られます。ペットボトルを横にして水を入れたり、ホースの先をペットボトルの口に差し入れたりしています。（ホースの取り合いで泣き声も聞かれます）そのうちにズックのまま、ベビーバスやタライに入ろうとするので「あっ、ズックのまま入ったらダメよ」と言うと片足を上げて、ズックを蹴って脱ごうとしています。日差しは強くても水の中に入る気温ではないので水を止めると、ひと泣きする場面が見られます。

　年長組がスイカを育てています。おいしいスイカができるように成長の様子を見守ってください。

　ホースから流れてくる水がたまり『泥水の水たまり』のできあがりです。そこへ、アヒル組の男の子が思いっきりバシャバシャと走り始めると吸い込まれるように加わり、歓声を上げながら、何度もしています。

　ブランコは年長組のお姉ちゃんにゆらしてもらっています。乗っている子の名前を呼んだり、力の入れ方を加減したりして、やさしく関わってくれます。

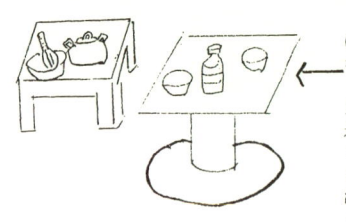

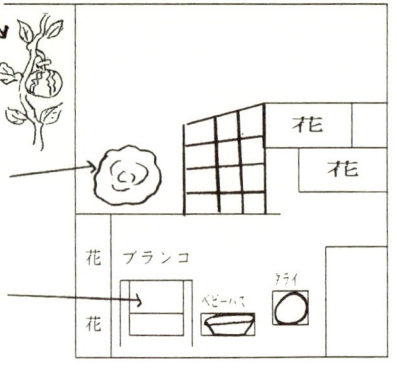

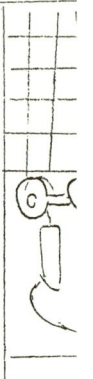

　子どもたちは、園庭を歩き回っているうちに石鹸をすり、チョークを溶かし加えた物がボールの容器やペットボトルに入っている物（ちょっとおいしそうなシェイクの感じ）を見つけました。さて？何が？始まるのか・・。近くに落ちていた松の木の実を加え、スプーンで「まぜ、まぜ」と言いながら、混ぜ始めました。だけど、力の入れ方や容器を持って混ぜていなかったので、あっという間にひっくり返し、こぼしてしまいました。そこへ年長組が来て「あぁ、僕たち作ったんに」と一言!!

5. クラスだより　　37

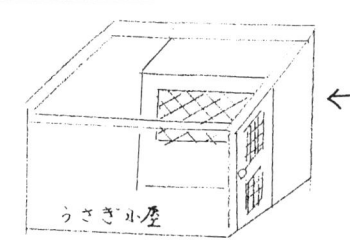

天気の良い日は、うさぎのしろちゃんやくろちゃんも庭の小屋に連れてきて、みんな関わっています。（先日、くろちゃんがしろちゃんに噛まれ、ちょっとケガをしてしまいました）子どもたちは庭にある草をあげたり、抱っこしたりして、かわいがっています。4月頃、うさぎを抱き上げるとそのままドスンと落としてしまいました。そこで、抱き方や触れ方を一緒に小屋に入って、知らせてきました。

5月の始めに取り付けられた水道です。子どもたちには少し高いのですが、大きいお兄ちゃんやお姉ちゃんにまじってつま先を立てながら、ペットボトルに水を入れたり、あけたりしています。蛇口から水が流れ落ちるのがとても心地よいようです。この場所で遊び始めるとなかなか離れられません。

コンビカーに乗って、坂道を両足を広げ乗っていました。ところが勢いがついて、ドスンと転んでしまいました。一瞬、ドキッ！！でも、大丈夫でした。その後、もうしないのかなと思って見ていると、また坂道の上にコンビカーを持って立っていました。『あぁ、さっき痛い思いしたのに‥』ところが、コンビカーだけを転がしていました。

以前は公園いっぱいを乗り回していたのに、この頃はコンクリートの上が乗りやすいのか、テラスを往復して乗ることが多くなってきました。時には、大きいお兄ちゃんの後をついていったりしています。またコンビカーより三輪車に乗ることが多くなってきました。

玩具置き場へきて、どれを持っていこうか、見わたしている姿も見られるようになっています。

以前は金網があり、思うように見えなかったので、柵に足をかけ、登って見ようとする姿が見られました。今度は、中に入ろうとする等好奇心旺盛な子どもたちです。

これから暑い夏がやってきます。水遊びの心地よい季節となります。そこで、子どもたちの体調や安全に留意しながら、元気に遊びたいと思っています。

参考文献

今井和子　1998　0, 1, 2歳児の心の育ちと保育　小学館
石井哲夫・待井和江(編)　1999　改訂保育所保育指針全文の読み方　全国社会福祉協議会
日本の保育を考える京都の会(編著)　1987　心の養護：保育所における養護の内容と計画の実際　日本保育協会
宍戸健夫・土方弘子(編著)　1986　乳児の発達と保育計画　乳児の保育計画と実践①　あゆみ出版
米山千恵・渡辺幸子(編著)　1998　1歳児クラスの楽しい生活と遊び　明治図書出版

❖ 第4章 ❖

2歳児の姿と保育者の思い

1. 保育者の思い

[1] アヒル組への期待

　自分の思いをおもいっきりだし，保育者に受け止めてもらい自我の世界を広げる2歳児は大好きな友達とままごとや，戦いごっこなどをする中で，友達と一緒に遊ぶ楽しさを味わっていく。時には自分の思いが通らないことや，物の奪い合いや場所の取り合いなどからトラブルになる。順番にしたり，待ったりすることは，わかってはいるのだが，まだまだ自分の思いが優先する子どもたち。心の中で葛藤を繰り返す体験をしている。保育者が仲立ちとなることで友達にも思いがあることに気づいていってほしいと思う。

[2] 担任になって

　1歳児クラスを経験し，保育所での生活の流れもわかり，友達や保育者との関係もできてきて，自分の思いのままに遊ぶ中で自我が芽生え始め，自己主張が強まってきた進級児8名。その中に10名の新入児が加わってアヒル組がスタートした。新入児たちは，お母さん，おばあちゃんから離れての生活に不安がいっぱいである。進級児，新入児共に，保育者や友達などが変わったことで気持ちが不安定になるのではないかと心配になった。

　そこで進級児には，①1歳児クラスから築いてきた生活のリズムを崩さないこと，②新入児への心くばりと同じくらい進級児への心配りをし，居場所をつくっていくことを配慮した。また，新入児には，①不安が少しでも和らぎ，安心して保育所生活がおくれるように，1人ひとりの欲求を受け止める関わりを

していく，②保育室には家庭で親しんでいた，ぬいぐるみ，ブロック，本，ままごとなどを準備し家庭的雰囲気をつくっていくなどのことを心がけた。

　ますます旺盛になる好奇心で，何でも興味をもって試そうとする時期でもあるので，できるだけ見守り「自分でできることへの喜び」を味わえるようにし，自分もまんざらでもないなぁという自信につなげていきたいものである。また，友達への関心から一緒に遊びたいという気持ちと，友達にじゃまされたくない，自分は自分だという気持ちが交錯する時期なので，トラブルも多くなると思われる。保育者が仲立ちとなって友達と一緒に遊ぶ楽しさを知らせていきたいと思った。

2. 子どもの姿

　全員は無理だったが，毎日必ず数人の子どもの記録をとった。それをもとに，クラス全体や子ども個人の経過を追うことにした。月別個人記録の例を表4−1（p.46）に示す。

[1] クラスの子どもたち
　1）4月〜6月　ぼく，このシャベル大好きなんだ，でもSちゃんもこのシャベル好きなんだ……

　初めての保育所生活，お母さんはお仕事に行ってしまうし，周囲は知らないおばちゃんとお友達。知らないおばちゃんのことは「せんせい」と言わなきゃならないし，泣きたい気持ちだよと言いたいのだろう。4月の保育室は泣き声でいっぱいだった。「お母さんと一緒にお仕事に行きたかったよね。お仕事終わったらすぐお迎えに来られるよ」と言葉をかけたり，抱っこやおんぶをしたりしながら，子どもの気持ちを受け止めるようにしていったところ少しずつ落ち着き，5月の連休明け頃には泣かないで，友達の遊びを見たり，遊び始めたりする姿が見られるようになってきた。やはり，園庭での遊びがいちばん落ち着くようで，うさぎのクロちゃん，シロちゃんに葉っぱをあげたり，砂場で山を作ったりしている時は，にこにこ笑顔で，私たち保育者もホッとした。保育所生活に慣れるにつれ，気の合う友達ができ一緒に遊ぶ姿が多く

みられるようになってきた。「B君」「A君」と名前を呼び合ったり，砂場で一緒に穴掘りをしたりと友達と遊びを楽しむようになった。しかし，友達の持っているシャベルが気になって，絶対に欲しいと言い合ったり，友達のしていることや友達の持っている物が気になって遊びが中断されたり，続かなくなったりする時が多くあった。そのような時は「Aちゃんと遊びたかったんだよね」「貸してって言おうね」「これAちゃん使っているから終わるまで先生と一緒に待っていようね」など，その場で子どもの気持ちを受け止め，保育者が仲立ちとなって子ども同士が関わっていけるようにしていった。

2）7月～9月 「Aちゃんと一緒に食べる」「Aちゃんと一緒に遊びたいんだ」

今までは保育者を介して友達と一緒に遊んだり，好きな遊びが同じために傍で遊んだりしている並行遊びが多く見られたが，8月頃から友達と名前を呼び合って一緒に遊んだり，おやつや食事の時に「Aちゃんと一緒に食べる」と言って横に座って食べたりなど，友達と同じ遊びがしたい，友達と一緒にいたいということを意識するようになってきた。

「これB君とC君にあげるが」と言って3人分のスコップを持って園庭に出ていくA君。「恐竜の骨探そう」とA君が誘うと「うん，しよう！しよう！」とB君とC君もスコップを持って砂を掘り始める。「ないね」「もっと掘ろう」「うん」とお喋りしながら掘り続ける3人。まだまだ遊び続ける時間は短かいが，ひとつの遊びを気の合う友達と一緒に楽しむようになってきている。

しかし，友達を意識し始めるようになってきた子どもたちは，同じ遊びがしたい，同じ物がほしいという思いが以前よりも強くなってきて，急に乱暴な言葉をつかったり，友達の玩具を横取りしたり，独り占めするなどトラブルも多くなってきた。

牛乳パックの積木を並べ，バスを作って遊んでいるA君，B君，C君の3人。A君が運転手になって一番前に座り，B君，C君はお客さんになって後ろに座っている。そこへA君を押しのけて入ろうとするD君。「だめー，ぼくのとこ」とA君が自分の気持ちを一生懸命伝えるのだが，どうしても一番前に座りたいD君と押し合いになる。「今，A君が運転手になっているから，D君はお客さんになってこっちに座ろう」と保育者が仲立ちとなっていくのだが

牛乳パックの積み木でつくったバス

「うぇ〜ん，ぼく運転手がいい〜」と言って泣き始める。絶対に譲りたくないA君に，「D君も運転手になりたいんだって，終わったら替わってね」とD君の気持ちを伝える。しばらく遊んだA君，「はい，どうぞ」とD君に替わっている。

　このように，○○ちゃんと同じ遊びがしたい，○○ちゃんと一緒に遊びたいという気持ちから，A君とB君，E子ちゃんとF子ちゃんというように気の合う友達関係が見られ始める。しばらくは一緒に遊んでいるのだが，思いの違いから，トラブルが多くおきてくるようになる。トラブル場面で，自分の思いが通らないこともあることをたくさん体験することが，友達の思いに気づくチャンスと捉え，トラブルが起きた時には双方の思いを聞き，受け止め，友達にも思いがあることを繰り返し知らせていくことを大切にした。そして「替わって」「順番だよ」と子ども同士の仲立ちとなり，友達と関わっていく手だてを知らせていくようにしていった。

　一方，まだ，誰にも邪魔されずに車の玩具を走らせて遊んだり，ままごとをしたりして，1人遊びを楽しんでいる子どももいるので，思いのまま遊べる場と時間の保証をしていくようにしていった。

　3）10月〜12月　僕の思っていることは，ちょっと違うんだけどなぁ
　　　　　　　　　　○○ちゃんとは……

　10月の中旬に運動会を経験した子どもたち。「運動会ってなに？」となかなかイメージのわかない子どもたちだったが，運動会に向けてのかけっこやリレー，綱引き，リズム遊戯などライオン組（5歳児クラス）のお兄ちゃん，お姉ちゃんの活動を傍で見たり，その中に入れてもらったりすることを楽しんだ。中でもリレーは大人気で，リングのバトンを持ってトラックを満足いく

まで走り続ける姿もみられた。身体を動かして遊ぶ楽しさを満喫した子どもたち。ウルトラマンの大好きなS君が，ウルトラマンになりきって部屋の中を走り出すと，その後をK君，T君，N君が喜んで追いかけていく。そのうちに，ウルトラマンになりきっているS君は，追いかけてくる3人を怪獣とイメージしたのだろう，組み合って戦いごっこになってしまった。K君，N君，T君もみんなも怪獣役なんて，嫌なのである。かっこいいウルトラマンになりたいのだ。戦いは，とうとう本気になってしまい，K君，N君が泣きだした。イメージの違いから，楽しかったはずの走りっこが，中断してしまった。ハラハラドキドキしながらも，見守っていた保育者の出番。「K君もN君もT君も，ウルトラマンになりたかったんだよ」と3人の気持ちを伝えると，わかったという表情になるS君。

　このように，友達と一緒に走りっこをしたり，戦いごっこをしたりなどの経験の中で，「友達と一緒に遊ぶ楽しさ」を味わっていく子どもたちなのだが，イメージの違いからトラブルが起きたりもしていく。「もう，○○ちゃんと遊ばんから」「○○ちゃんキライ！」と言っていても，保育者がお互いの思いやイメージを，言葉で伝えていくと，2，3分もたたないうちに一緒に遊び始める。

　また，言葉のやりとりをしながら遊ぶ姿も見られ始める。ままごとコーナーでは，「ごはんですよ」とテーブルにごちそうの入った皿とスプーンを並べて，友達を呼んだり，ケーキをテーブルの上に置いて，「○○ちゃんの誕生会だよ」「♪ハッピバスデーツーユー，ハッピバスデーツーユー♪」「おめでとう」「ありがとう」と歌いながら誕生会ごっこが始まる。戦いごっこの場面のように単に表現しきれない部分を言葉で補うだけでなく，誕生会ごっこでは，子ども同士のイメージをつないだりふくらませていったりすることも，保育者の役割ではないかと実感した。

　4）1月〜3月　トントントン，なんの音？おばけの音って言ったら逃げるんだよ！

　正月休み明け，子どもたちは元気に保育所にやってきた。この頃にはもう，2階の大きい組の保育室（p.9「[3] 遊びの環境」参照）に行くことは平気になってきていて，むしろ行きたくて，行きたくてという子どもたちである。

だんだん上手になっていった，カルタ遊び

ライオン組のお兄ちゃん，お姉ちゃんたちがカルタ取りをしているのを見て，取りたくて手をだしてしまう。一枚でも多く取りたくて，体と頭をフル回転させて遊んでいるライオン組さん，真剣勝負の世界である。「だめだよ，お姉ちゃんたちしとるがだから」。いつものやさしいお姉ちゃんではありません。でもしたいんだよね。大きいお姉ちゃんたちのしていることって，憧れだから。そこで買い物カード（果物，お菓子など）でカルタ遊びをした。カードをマットの上に並べると，次から次へと自分の好きなカードを持っていってしまう。「待っててね，先生が赤くて，冷たくっておいしいスイカって言ったら，とるがだよ」と話して聞かせてもなかなか待てない子どもたちである。「マットの上に登ってとらないんだよ」と簡単な約束をして，カルタ遊びが始まる。「冷たくって，おいしいソフトクリーム」とゆっくり，はっきりと読み上げると，「ぼく，だんごほしいが」「わたし，プリン」と自分の好きなカードをそれぞれ取っていってしまう。「だめ！ぼくプリンほしかったん」と好きなカードが一緒になると，カードの取り合いも始まる。しかし，このカルタ遊びは大好きで，毎日繰り返し遊びを楽しんでいるうちに，読み上げたカードを捜して取るのだという，約束を知っていった。そして，「今度，ぼく読むが」と言って，並べられているカードをチラチラ見ながら「冷たくて，おいしいソフトクリーム」と読み上げる姿は，保育者さながらである。読み方がわからなくなると，「みかん，みかんはどこでしょう？」と自分流に欲しいカードを読む子まで出てきた。このように，子どもたちの活動の場が広がってくると，他の年齢の子どもとの関わりが見られるようになり，その経験が遊びの幅の広がりにつながっていくのだと思った。

　ライオン組のカルタ取りに興味をもったことが，きっかけでカルタ遊びが

始まり，友達と一緒に1つの遊びをする楽しさと，遊びには約束があることを知っていったようだ。そのような子どもたちは，好きな絵本や紙芝居などを見たり読んでもらったりすることを楽しみにし，繰り返し読んでいったことから，簡単なストーリーの内容がわかるようになり，集団遊びや，ごっこ遊びを喜ぶようになってきた。「あぶくたった」では歌を歌ったり，言葉のかけ合いをしたり，おいかけっこをしたり，保育者が一緒に楽しみながら関わったことで，子どもたち同士で遊び始める姿も見られるようになってきた。また，仲良しの友達を誘ってレールをつないで，一緒に電車を走らせたり，一緒にブロックを組み合わせて道やガレージを作ったりするようになってきた。

このように，1つの遊びを友達と一緒に楽しんだり，少しの間だがイメージを共にして何かをつくったりして遊べるようになってきた子どもたちに，子どもと子どもの気持ちをつないでいく関わりを意識的に行っていかなければならないと思った。「楽しいね」「おもしろいね」「また，しようね」と子ども同士が共感できるような遊びに誘うとともに，保育者自身も遊びを楽しんでいきたいと思った。しかし，自分の欲しい玩具を抱え込んで独り占めしてしまったり，自分の思いを通そうとしたりすることから，まだまだトラブルが起こり大泣きする姿が見られるので，1人ひとりの子どもの気持ちのあり様に心をくだいて接していくことは忘れてはならないと思った。『僕は〜したいのに，どうしてだめなの』と子ども自身の心の中での葛藤，『欲しいものは，絶対欲しい』という自己主張を心優しく受け止めながらも，「友達も同じような気持ちなのだよ」と知らせていきたいと思う。そのような関わりから，友達の気持ちに気づき，友達と遊ぶ楽しさを感じていくのではないだろうかと思う。

[2] 自己主張が強すぎるトオル君をめぐって（個別事例）

11月生まれのトオル君は1歳児から入所。1歳児期の2月に弟が生まれ赤ちゃん返りが見られ情緒不安定になる。2歳児クラスになってからは，母親が育児休暇中で，ゆったりとした時を過ごしているため，家庭的には安定してきている。友達の見ている絵本を，黙って取りあげてしまう。「○○ちゃん，見とったよ」と話すが，なかなか納得できないのか保育者の肩をポンポンとた

たくことで,「ぼくも,見たいんだ」という自分の気持ちを表す。また,自分が遊んでいた玩具を友達が使うと,プンプンな顔をし腹をたてたり,大泣きをする。保育者が絵本を見ていた友達の気持ちを伝えたり,玩具で遊んでいた本児の気持ちに寄り添ったりするが,納得して気持ちを立て直すまで時間がかかる。本児の頑固さは,まさに2歳児そのものなのだが,他児よりもその姿は顕著である。このような本児だが,S君に誘われて遊ぶことが多くなり,S君との遊びの中で,友達の気持ちにも少しずつ気づき始める。保育者としては友達の存在をきっかけに,気持ちを立て直していくことができるようになってほしいと願う。

　そこで,トオル君が友達の思いと,自分の思いの違いからくる心の葛藤を乗り越えていく姿と,保育者の援助のあり方を探ってみたいと思った。

表4－1　トオル君の月別記録の例

名前　トオル君	子　ど　も　の　姿
6月 (2歳5ヵ月)	S君という友達の誘いをきっかけに,友達との関わりが広がってきた。いろいろな友達と遊ぶ中で,自分の思いを通そうとしてトラブルが生じることがある。双方の気持ちをくみ取り,友達と一緒に遊んでいけるようにしていきたい。
9月 (2歳8ヵ月)	A君やS君に「一緒にやろう」と誘って遊ぶ姿が見られるようになってきた。遊びの中で,友達の思いを押しつけられたり,玩具を取られたりすると大声で泣くことがある。保育者が仲立ちとなってお互いの気持ちを知らせ,本児自身も言葉で自分の気持ちが言えるよう援助していきたい。
12月 (3歳1ヵ月)	気の合う友達と遊びや生活の場面で一緒に行動することが多くなってきた。その中で自分の思い通りにならないと腹をたてて,プンプンの顔をしたり,大声で泣いたりして自分を主張している。トラブルが生じた時に保育者が,友達の思いを言葉で伝え,友達にも思いがあることを知らせ,友達関係を築いていくように援助していきたい。
3月 (3歳4ヵ月)	物の貸し借りで大泣きする姿が少しずつ減ってきた。いろいろな友達の名前を呼んで遊びに誘い,お気に入りのブロックで遊んだり,ごっこ遊びを喜んだりしている。しかし,自分の欲求が通らないと,かんしゃくを起こしている。気持ちが高ぶっている時は様子を見ながら対応し,友達にも思いがあることを知らせていきたい。

2. 子どもの姿

1）5月の場面　ぼく，この本みたいんだ。先生わかってくれんが……

　ヒヨコ組（1歳児クラス）からのお友達であるS君やウサギ組に進級していった憧れのR君と，遊戯室や園庭で，一緒に遊ぶ姿がよく見られるようになってきている。1人遊びを堪能していた本児だが，友達との遊びの楽しさを知り始めたようだ。
　ゴーゴーVと怪獣になって戦いごっこをしていた，トオル君とS君。戦いごっこも，疲れるんだよね。そんな時，ホッとするのが2方を棚に囲まれた絵本コーナー。今日も，『ちょっと，一休み』と絵本コーナーにやってきた。『ぼくの見たい恐竜図鑑の本，O君が見ている，うーんぼく絶対見たい』と思ったトオル君，O君の見ていた絵本を，さっと取りあげてしまった。取られたので泣きだしたO君。そんなことは，関係ないトオル君。本を抱えて，泣いているO君をジーッと見下ろしている。「これ，今O君見とったんだよ」と話すと，言われたことが，嫌なことなので腹をたてて，保育者の肩をポンポンとたたき続けた。

2）6月の場面　赤いコンビカーにどうしても乗りたいんだ，ぼく……

　その日，トオル君はお気に入りの赤いコンビカーに乗るぞと，勇んで園庭にでた。ところが，先客がいた。大好きな赤いコンビカーを全身の力を込めて蹴りながら，乗り回しているのは，H君。その姿を見たとたんに，大泣きが始まった。「貸してって言おう」「代わりのコンビカー探してこよう」「H君，終わったら替わってもらおう」等々，保育者は，どうしても乗りたいというトオル君の気持ちを否定しないよう，言葉を選んで話していくが，納得いかないようで，泣き続けるトオル君。「H君が終わるまで，砂場で穴掘りしよう。（今，本児がはまっている遊び）」と違う遊びに誘うが，それはいやで，とにかくコンビカーに乗りたいので，泣き続ける。泣き始めると長く，気持ちがなかなか立ち直らない。

3）8月の場面　I君，S君とお仕事ごっこ，楽しいな

　園庭の北側の隅に木陰がある。そこには大きな木が3本あって夏場は，恰好の日陰になり子どもたちの大好きな遊び場となっている。水遊びで溢れた水が川のように流れて，木陰のところで，ちょっとした池のようにもなっている。ここが，トオル君，S君，I君のお気に入りの場所になっている。今日もI君とS君が，スコップをダンプカーに乗せて木陰にやって来ている。一足先にきていたトオル君はそれを見て，走って玩具置場から，同じダンプカーとスコップを持ってきた。I君が，スコップで穴を掘り始めると，トオル君とS君も同じように穴を掘る。「何しとるが？」と聞くと「お仕事しとるがだよ」と言って，3人で一生懸命穴を掘って楽しんでいる。S君が掘った泥をダンプカーに入れると，他の2人もダンプカーに入れる。ダンプカーが泥で一杯になると，今度は，池の中に入ってバシャバシャし始める。水しぶきが，顔や体にかかると，「うわっー，うわっー！」と歓声を上げる3人。足踏みが段々強くなって，顔はびしょ濡れ状態である。お互いの顔を見て，今度はゲラゲラ笑いだす。
　この遊びは，それから夏の終わり頃まで続く。
　そんなある日，トラックで遊ぼうと勇んで園庭に走り出ていったのだが，先に使われていたのである。いつものトオル君ならば，大泣きとなるところだが，なんと泣かないで，スコップだけをもって木陰に立っていたのである。『がまんできて，偉いね』って思わず抱きしめたい気持ちになった保育者である。

4）10月の場面　リレーごっこに混ぜてもらったよ

　運動会が終わっても，5歳児のリレーごっこは続いている。自分の思いをさらっと言葉にできるI君，ライオン組のお兄ちゃんに混ぜてもらっている。バトンをもらうと，いっぱしのランナー気取りで，トラックの周りを走り始める。それを見たトオル君，しばらく立って見ていたが，段々リレーのスタートラインに近づいていく。『混ぜてほしいんだな』と思ったが，

様子を見てみた。なかなか言いだせないトオル君。ここでちょっとお助けマン。「トオル君も混ぜてほしいんだって」とライオン組に声をかけると，L君「いいよ」と答えてくれ，トオル君をスタートラインに並ばせてくれる。走ってきたI君に「トオル君に渡され」と言ってくれるL君。バトンをもらったトオル君は，喜んでトラックを走り始める。一周を喜んで走り終えたトオル君，次にバトンを渡さなくてはいけないのだが，一度持ってみたかったバトン，絶対渡したくなかった。L君が『バトンちょうだい』と手をだすが，渡してはもらえない。困ってしまったL君。I君が「トオル君，バトンL君に渡さんなんよ」と言うと，プンプンな顔をして手にはバトンをしっかり握っている。保育者の「これは今，ライオン組さんたちと，皆が使っているリレーのバトンだよね，次の人に渡さんと走れんがだよ」の言葉をジーッと聞いている。L君がまた，手を差し出すとそーっと渡してくれた。

5) 2月の場面　あぶくたった，煮えたった

　カルタ取りを通して，友達や保育者と一緒に，ひとつの遊びをする楽しさと，遊びの中に約束があることを知った子どもたちを "あぶくたった" の遊びに誘う。おばけ役の役割をする保育者と，子どもの役割の保育者で遊びを進める。♪あぶくたった，煮えたった。煮えたかどうだか，食べてみよう。ムシャムシャムシャ♪「トオル君，一緒にしよう」と誘うがブロック遊びをしている。友達があぶくたったをしているので，ブロックは自分だけのもの，『いい気分！でもみんな楽しそうにしているし，大好きなS

あぶくたった　煮えたった

君，I君もしているぞ』と横目でチラッチラッと見ている。遊びが気になって，ブロック遊びも落ち着いてできない様子である。『ぼくも混じろうかなぁ』と思っているだろうと推測し，保育者が誘うのではなくS君，I君に「一緒にしよう」と誘ってもらう。もともとは入りたいという気持ちのあるトオル君なので，すんなりと入ってきて，S君，I君と手をつないで遊び始めた。

6）トオル君との一年間を振り返って

 1歳児から進級した本児。弟ができたことで，気持ちが不安定になった時期もあったが，保育者が心配していた程ではなく，元気に遊ぶ姿が見られる。しかし，遊びの場面で自分の思いが通らないと，かんしゃくを起こし泣いたり，実力行使で取りあげたりする時期が長く続く。この頑固さは他児とは違うという思いが，保育者の胸をよぎる。これは担任3名全員の思いである。それでも，「貸して」「かわって」など言葉で表現してほしいという思い，本児の気持ちをよく聞き受け止めたり，替わりに伝えたりなどの関わりをし続けようと確認し合った。しかし，頑固に自分の思いを貫き通す本児。とことん，この頑固さに付き合うことにする。中途半端に「貸してって言おうね」という関わりはしないことにする。本児自身が気づいて，理解して，納得しなければ言わないだろう。いや，わかっているからこそ言えないのではないだろうか。それを「トオル君のプライド」と名づけ，代弁したり，仲立ちしたりすることを，極力少なくしながら，友達にも思いがあることをさりげなく，言葉で繰り返し伝えるようにしてきた。
 5月，6月の場面のように，友達の絵本を取りあげたり，保育者をたたいたり，大泣きの長泣きをしたりしていた本児が，少し変化し始めたのは8月の場面であった。夏の暑さの中，プール，水遊びもそっちのけで夢中になった「お仕事ごっこ」。気の合うI君，S君との3人での遊びである。真似したり，されたりしながら，穴を掘ったり，ダンプカーに泥を積んだり，バシャバシャ遊びで盛り上がったり，友達と一緒に遊ぶ楽しさを満喫している。この姿から「お仕事」をイメージし，ごっこ遊びができるようになってきていることを感じる。ごっ

こ遊びは1人では楽しくないことがわかり，時には気持ちを切り替えて「スコップで我慢」できるまでになったのではないだろうか。10月の場面では，保育者の「トオル君も混ぜてほしいんだって」という言葉とL君の「いいよ」という言葉に助けられて，楽しいリレーごっこに参加することができた。このようなことがきっかけで，友達にも思いがあることを受け止められるようになり，2月の場面でI君，S君に誘われずっと遊びに入り，その後は，自分から入ってくるようになっていったのではないかと思う。保育者が一年間，遊びの場面でお互いの気持ちを言葉で伝えて，子どもが自分の気持ちを言葉で言えるよう，繰り返し関わってきたことで，時には友達の思いを受け止められるようになっていったと考えられる。しかし，2歳児期に自分から「貸して」「かわって」はとうとう言えずに，3歳児クラスに進級していくことになった。

　トオル君の「友達の気持ちはわかるよ，でもぼくはこうしたいんだ」という心の葛藤に，とことん付き合ってよかったと思っている。ともすると，保育者は子どもの育ちへの願いを先行させがちだが，トオル君の「ぼくは，ぼくなんだ」という気持ちを大切にし，子ども自身が納得していくような関わりを心がけなければならないと思う。その子の気持ちの動きを見ながら，声をかけたり，手助けしたりする時を吟味していくことと，子ども同士の気持ちをつないでいくことの大切さを確認し合った。

　トオル君が友達の思いと，自分の思いの違いからくる心の葛藤を乗り越えていく姿と，保育者の援助のあり方を継続してみていきたいと思った。

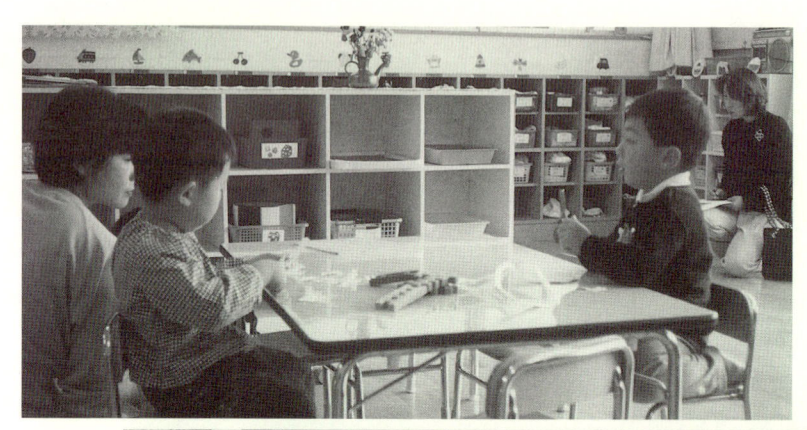

第4章　2歳児の姿と保育者の思い

3. 保育室の様子

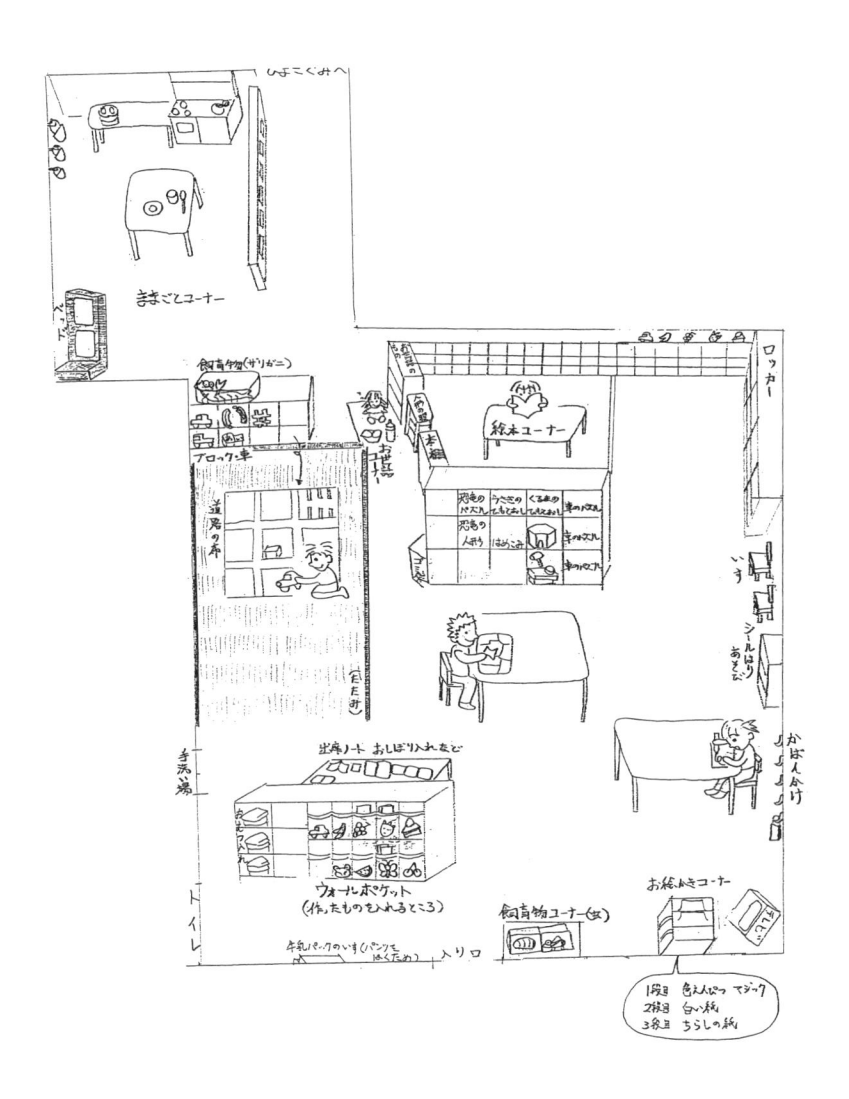

4. デイリープログラム

表4−2　アヒル組（2歳児）デイリープログラム

時　間	生活の流れ	子どもの活動	保育士の養護・援助事項
7:30	登　所 （早朝保育）	◎保育者と挨拶をする。 ◎家の人と持ち物の始末をする。 ・カバンをかける。 ・タオル，おしぼりをカバンからだす。 ・シールを貼る。	・1人ひとりの子どもと挨拶をかわしながら，健康視診を行う。 ・保護者と一緒に，持ち物の始末をするよう誘ったり，ひとりでできるところは見守ったりして，自分でできた喜びを味わえるようにしていく。 ・保護者と握手したり，手を振ったりして，離れるときの不安感を取り除くようにする。不安がる子どもには，抱いたりおぶったりする1対1の関わりから好きな遊びに誘ったり，友達との関わりへと発展させていく。
	遊　び	◎好きな遊びをする	・個々の子どもの興味に応じた遊びを，自分で選択できるよう玩具の種類や配置などを工夫しておく。
	片付け	◎保育者と一緒に片付けをする。	・片付けが楽しくできるように，子どもに語りかけ，励ましながら保育者も一緒に片付ける。 ・玩具は元の場所に返すことを知らせる。
	排　泄	◎排泄をする。	・1人ひとりの排泄の間隔をつかみ，トイレに誘う。 ・自分でしようとしている子どもには，傍で見守ったり，子どもの表情や様子を見ながら介助したりする。 ・ズボンやパンツのおろし方が不十分な時には，足首までおろすよう知らせたり，手伝ったりする。女児には紙の使い方も知らせていく。
	手洗い	◎手を洗う。	・自分で洗おうとする気持ちがもてるよう，汚れていることに気づかせたり，洗うと気持ちよくなることを繰り返し知らせていく。 ・水は子どもの手洗いに十分な量に調節しておく。 ・消毒液に浸したおしぼりで手指を拭くよう促したり，拭いてもらったりして清潔な状態で食べられるようにする。
9:30	おやつ	◎おやつを食べる。	・おやつに必要なもの（おしぼり，菓子，コップ等）を運びやすいよう配膳テーブルにならべて置き，自分で運ぶことで自信につなげていく。 ・牛乳をあまり好まない子どもには，一口でも飲んでみようという気持ちが持てるよう，個々の子どもに応じて量を調節する。 ・牛乳の他にお茶を用意し，体調不良の子どもや，お茶を欲しがる子どもの要求に応えられるようにしておく。 ・使ったおしぼりは自分で片付けができるよう，おしぼりケースは配膳テーブルの上に準備しておく。
	遊　び	◎保育者や友達と一緒に遊ぶ	・1人ひとりの子どもが，好きな遊びを十分楽しめるよう，関わったり，手助けをしたりする。

4. デイリープログラム　　55

時　間	生活の流れ	子どもの活動	保育士の養護・援助事項
			・子どもの発見や喜びの気持ちをつかみ、子どもとの関わりを深める。 ・子ども同士のトラブルが起きた時は、お互いの気持ちを伝え合う仲立ちとなる。
11:30	排　泄 手洗い 食　事	◎排泄をする。 ◎手を洗う。 ◎挨拶をする。 ◎食事をする。 ◎食器を片付ける。	・挨拶を受け止めて「どうぞ」と応え、気持ちよく食べられるようにする。 ・自分で食べようとする気持ちを大切にし、楽しい雰囲気づくりを心がける。 ・あまり好まない食べ物は、少しでも食べてみようとする気持ちがもてるようにしていく。 ・1人ひとりの子どもの状態に合わせて、食事量を加減していく。 ・食事の後は、おしぼりを使って、手や口の周りを拭き、きれいにする気持ちよさを知らせていく。 ・片付けやすいよう、片付ける場所を明確にしておく。
12:30	午睡準備 お昼寝	◎排泄をする。 ◎パジャマに着替える。 ◎眠りにつく。 ◎目覚めた子どもから着替える。 ◎排泄をする。	・励ましたり、できないところは手伝ったり、見守ったりしながら、ひとりで着脱しようとする気持ちを育てていく。 ・子守歌を歌ったり、絵本を読んだり、話しかけたりしながら、安心して眠れるようにする。 ・眠っている時の子どもの様子、寝具の調節、室内の気温に気を配る ・気持ちよく目覚めることができるよう、抱いたり、やさしく語りかけたりし、ゆったりとした気持ちで着替えができるようにする。 ・なかなか目覚めない子どもには、夜の就寝時間のことを考えて気分よく起きられるよう言葉をかける。
15:00	おやつ	◎手を洗う。 ◎おやつを食べる。 ◎遊び	・着替えた子どもから、食べられるよう準備をする。
	降　所	◎お迎えのある子どもから、順次帰宅する。	・保護者に遊びや生活など、1日の様子を伝える。 ・個々の子どもと挨拶を交わし、明日も一緒に遊びたいという気持ちを伝える。
16:00	遊　び	◎好きな遊びをする。 ◎挨拶をして帰る。	・友達との挨拶を促し、友達との関わりの仲立ちとなる。 ・個々の子どもが遊んでいた玩具を元の場所に戻せるよう関わっていく。保育者が玩具をていねいに片付ける。
16:30	長時間・延長保育	◎長時間・延長保育児はそれぞれの保育室で遊ぶ。	・保護者への連絡が必要な時は、延長保育担当保育者に伝えておく。 ・5時15分まで、3歳以上児と保育室を分けて、落ちついて遊びができるよう配慮する。
19:00	最終児降所		・お迎えの遅い子どもは、気温に応じて衣服の調節をする。

5. クラスだより

アヒルぐみだより
NO.3

7月
西井智美　立恵子
山田輝美

　朝、「おはよう！！」と元気良く登所してきて「○○ちゃんは？」と言う声や、おやつや、食事の時に、「ボク○○ちゃんと食べる！」ということばが、子どもから聞かれることがあります。またお母さん方からの連絡帳の中にも"子どもから友達の名前が出てきて嬉しいです"ということが書かれてあるようになってきました。
　友達と一緒に遊びたい、一緒が楽しいという気持ちが少しずつ生まれてきています。このように友達との関わりが出てくる反面、ものの奪い合いや、場所の取り合い、お互いの思い違いによるけんかも2歳児にもっとも多く見られる姿です。自分の好きな物や、人への執着心がますます強くなるからでしょうね。
　友達の持っているブロックやおもちゃ、絵本が使いたくて何も言わずに取ろうとして「ダメ！」・・・その間にことばよりも手が先に出てしまうケースが多いです。「ウェ～ン」と部屋中に泣き声が響くこともしばしば・・・・。泣くことで自分を主張しているんです。「これボクもっとるが。」「ボクも使いたいが。」「かしてほしいが。」「まっとって。」が上手にその場で使えたら大丈夫なのですが、まだまだそれは難しいことですよね。そこで私たち大人が子ども達の気持ちを代弁してあげながら、お互いの気持ちを伝えられるようにしたいと思っています。
　お迎えのときに「すいません、今日・・・・。」とお母さん方にお知らせすることがあります。エスカレートしないように私たちも気をつけながら子ども達と一緒に遊んだり、接したりしていきたいと思っていますが、2歳児クラスの子ども達の姿としておゆるしください。
　このような経験を通して友達に関わる力となって社会性が芽生えてくる第一歩になるのだと思います。

　先日から天気の良い日にどろんこパンツやシャツに着替えて、外へ出てあそんでいます。
　おやつを食べた後に「どろんこパンツとシャツに着替えて、外へ出よう。」と声をかけると、「ハ～イ。」と言って自分のロッカーから一セットになっているかご（どろんこパンツとシャツの入ったバックと脱いだ服を入れるかご）を運んできて着替え始める子もいます。自分で出来るところは見守り、出来ないところは私たちと一緒に

着替えています。着替えてしまうと、ニコニコ「早く外に行こうよ！」とソワソワしています。でも着替えよりも、ままごとコーナーで遊んだり、ブロックで遊んだりしているほうが楽しい子もいます。
　「じゃ～どろんこパンツになったお友だち先に外に出てあそぼう。」と誘うと「エッ外行く！」と言った具合にあわてて着替え始めようとする子もいます。なんせ１８人もいるのですから一斉にというのは難しいです。その子その子のしたい、やりたい、という気持ちを大切にしながら一人ひとりに合わせて準備をしています。全員の子ども、私たちが外へ出るまで２０～３０分ほどかかっています。

　　　　　　　　　　　外でたくさん遊んで、へやで遊びたくなった子から、どろんこシャツとパンツを脱いで、シャワーのところへ行き、体を洗ってさっぱり！自分で顔を洗ったりお腹をごしごし、お尻をごしごしと言いながら洗っている子も出てきました。
　　　　　　　　　　　オムツとタオルの入ったかごから自分でタオルを出して体を拭いています。私たちが拭いてあげようと手を出すと、「自分で！！」と言って手を払われてしまうこともあります。「自分で！！」という気持ちも大事にしたいと思い見守るようにしています。
　　　先日の連絡帳の中に〝風呂から上がって自分でタオルで体を拭こうとしていました〟という文章がありました。こんな姿が家でも見られると嬉しいですね。

　まだ本格的な水遊びは出来ないけれど、これから日差しが強くなります。梅雨が明ける頃には、プール遊びをしたり、思いっきり体をぬらして遊びたいと思います。
　子ども達は外が大好き、水が大好きです。でも体調が悪いときには控えたいですね。ですから、お子さんの体調には十分気を付けたいと思います。外遊びや、水遊びを控えたいときは体温や朝の調子などをお知らせ下さい。

　　　　　おわびと
　　　　　　おねがい
　　　　　　　　　　着替えて遊んだり、汗をかいて着替えたりして衣服を脱ぐことが多くなります。私たちも気を付けて、その子のバックに入れているつもりですが、間違っているときがあるようです。また、子どもたち自身が自分ですることも多くなってきているので、間違っているときもあるようです。すいません。
　　　着替えの補充やシャツ、パンツ、バックなど一つひとつに見やすいところに名前を書いて下さい。お願いします。

参考文献

石井哲夫・待井和江(編)　1999　改訂保育所保育指針全文の読み方　全国社会福祉協議会

森上史朗・今井和子(編著)　1992　集団ってなんだろう：人とのかかわりを育む保育実践　ミネルヴァ書房

日本の保育を考える京都の会(編著)　1987　心の養護：保育所における養護の内容と計画の実際　日本保育協会

宍戸健夫・土方弘子(編著)　1986　乳児の発達と保育計画　乳児の保育計画と実践①　あゆみ出版

高浜介二・秋葉英則・横田昌子(監修)　1984　年齢別保育講座　2歳児の保育　あゆみ出版

❖ 第5章 ❖
3歳児の姿と保育者の思い

1. 保育者の思い

[1] ウサギ組への期待

　自我がはっきりしてきて何でも自分でしてみようとするものの，まだうまく表したり行動したりすることができない3歳児。この時期には，たっぷりと自己を主張し仲間とぶつかり合う中で他者の存在を知り，仲間の中の自分というものを意識していってほしい。そして，仲間とさまざまな経験を重ね，一緒にする喜びを知ると同時に，その経験の中で自分の最も伝えたいことを仲間や周りの人に伝えたいという思いも育ってほしいと思う。自分の思いを伝えたいという気持ちは，仲間の思いにも気づくことにつながるのではないだろうか。互いの思いを伝え合いながら仲間の良さを認められる温かな仲間関係をきずいていってほしいと願う。

[2] 担任になって

　3歳児クラスのウサギ組は，2歳児からの進級児12名と新入児8名の計20名のクラスである。不安と喜びでいっぱいの20名の子どもたちが，新しい生活に無理なく入っていけるように，そして，楽しい保育所生活になるようにと考え，進級児・新入児それぞれに合った配慮を行った。進級児には，2歳児クラスからの生活の流れを出来るだけ変えないようにし，新入児には，家庭との連携を十分とって個々の生活状況を把握しながらゆとりをもった関わりを心がけた。3歳児期の子どもたちは，まだ自分中心に遊ぼうとする時期なので仲間との関わ

りを求めながらも,うまく関わることができずトラブルになる事も多かった。そのような時は,保育者が仲立ちとなって,互いの気持ちを伝えながら丁寧に対応した。また,毎日全員が集まる「集まりの時間」を設けたり,ごっこ遊びなど「みんなで一緒にする活動」を意図的に組み入れたりしながら,仲間と一緒にいる事の楽しさが感じられるような生活を作っていった。そうする中で,トラブルも少なくなり,友達の思いも受け止められる温かな仲間関係が育っていったのではないかと思う。

2．子どもの姿

[1] クラスの子どもたち
　1）4月～6月　先生と一緒にいようね（保育者との安心できる関係）
　①保育所ってどんなところ？（1人ひとりの保育所生活）
　「おはよう,先生！！」と元気に登所してくる子もいれば,「ママ,いかないで！」と大泣きをする子もいる。4月のウサギ組の朝は,てんやわんやの状態である。パート保育者と2人で「ママのお仕事が終わるまで先生と一緒にいようね」と声をかけて,抱っこやおんぶをして不安な気持ちが少しでも和らぐようにするなど,1対1の関わりを大切にした。また,保育所で飼っているうさぎ,かめ,小鳥,金魚などの小動物に餌をあげたり,家庭にはないさまざまな遊具や広い遊戯室で遊んだりするなど,好きな遊びが十分できるようにゆったりとした時間の流れを大切にした。しかし,この時期は,担任だけでは子どもたちの気持ちを安定させる事はなかなかできない。4,5歳児クラスの保育者を中心に保育所の職員全員がクラスの枠を超え,子どもに関わってくれた。自分の目

お兄ちゃん・お姉ちゃんとあそんだよ

の前にいる子どもたちと真剣に関わり，互いに連携をとり合って保育を進めて行く事の大切さを痛感するのもこの時期であった。

②お兄ちゃん，お姉ちゃんと遊んだよ（4，5歳児との関わり）

4，5歳児クラスの子どもたちは，半日入所の頃から玄関フロアーに貼ってある「新しく保育所に入るお友達」の写真を見たり，入所の準備を手伝ったりしている。そこで，家が近所の子や知っている子を遊びの仲間に入れてくれたり「ウサギ組の○○ちゃん，泣いていたよ」と連れてきてくれたりした。職員だけではなく，こうした子ども同士の関わりも含めて生活していく中で，3歳児の子どもたちは少しずつ保育所生活に慣れていった。

③なまえ遊びってたのしいね（友達を知る）

新しい生活に慣れてきた4月中旬から，友達を知るきっかけづくりとして「集まりの時間」を設け「なまえ遊び」をはじめた。最初は，保育者が1人ひとりの名前を呼び，呼ばれたら返事をしたり動作で表したりする「はい！はい！あそび」。それをみんなが楽しめるようになると次は，名前を聞いてその子を捜す「友達捜しごっこ」。5月中旬には，自分の名前を聞かれると「～です」と答える「あなたのおなまえ遊び」をした。名前を呼ばれても恥ずかしくて言えない子には保育者が一緒に言うようにすると日に日に言える子が増えていった。今までは「あの人」「この人」「お友達」といっていたのが，友達の名前が分かるようになると集まりの時に「○○ちゃん一緒に座ろう」と名前を呼んで友達を誘う姿も見られるようになった。呼ばれた子もとてもうれしそうにしていて，遊ぶ時も手をつないだりするなど友達との関わりが，多くなってきた。今までは保育者と一緒に遊ぶ事で安定していた子どもたちだったが，友達との関わりが増え，気の合う友達と一緒に遊ぶ事が多くなってくるとトラブルも

なまえ遊びってたのしいね

増えてきた。「これぼくのなのに○○くんが取っていったー」「わたししたいのにかわってくれない」など自分の思いを通したいために，楽しい遊びが中断されてしまう場面もみられるようになった。日々さまざまな原因で起きるトラブルを困ったこととしてと捉えるのではなく，友達の思いを知る良い機会と考えた。双方の話しをよく聞き「○○ちゃんもっとしていたいんだよね。でも，○○くんも使いたいんだって。終わったらかわってあげようね」と子どもの気持ちを十分受け止めながら，相手の思いにも気づくような，対応を心がけた。

2）7月～9月　水あそびってたのしいな（友達と遊ぶ）

　梅雨が明け，暑さとともに子どもたちは大好きな水遊びに夢中になった。そんな子どもたちが水遊びを十分楽しめるように，2階のベランダから遮光ネットを張って日陰を作ったり，ウォーターポンプで噴水をあげたりして園庭のあちこちに さまざまな工夫をした。初めは，ペットボトルに水を入れて花に水をかけるなど水に触れることを楽しんでいたが，ホースで水をかけ合うなど遊びもだんだんダイナミックになっていった。A男・H男・K男の3人は，大きいクラスの子どもの遊びを真似て雨どいを並べてホースで水を流す遊びを始めた。A男がホースを持って水を流し，H男とK男が流れやすいように雨どいを並べ，スプーンやシャベル，葉など思い思いの物を流すものだ。また，やはり大きいクラスの子どもたちのしているチョークを使った色水遊びや石鹸を泡立て器で混ぜる「まぜまぜミックスごっこ」（8章の「4. 子どもの遊びの心に保育者もはまってみよう！」（p.123～124）参照）にも興味をもち，木陰のテーブルやベンチで一生懸命作っている姿も見られた。チョークや石鹸は，使い方を

まぜまぜミックスごっこ

知らせながらいつでも使えるように十分な数を用意しておいたが，ホースや雨どい，泡立て器は数が少なくなかなか自分の思うように使うことができず，取り合いになることもあった。しかし，以前のように自分の思いばかり主張するのではなく，保育者が仲立ちとなって話をすると「使いたい」友達の思いもわかるようになり，しばらく使ってから「かわってあげる」と交代で使う姿も見られるようになってきた。

3）10月～12月　ごっこ遊びはおもしろいな（自分の思いを伝える，遊びを考える）

　運動会という1つの大きな行事を経験することで，子どもたちは心身ともに大きく成長していく。自分の体を自由に動かす喜びが自信へと繋がり，運動会が終わった後も5歳児クラスのリレー遊びに参加したり，何度も何度も繰り返し曲をかけて踊ったりしていた。

　夏の頃から始まった大好きな「まぜまぜミックスごっこ」は11月に入っても続いていたが，作ることを楽しんでいるだけではなく「まぜまぜ」をしているグループの中で役割を決めて遊ぶようになった。女の子の多いグループでは，お家ごっこや保育所ごっこ，男の子の多いグループではレストランごっこなどをしてよく遊んでいた。「わたし，おかあさんになる。○○ちゃんはなにになる？」「わたしは，バブちゃん（あかちゃん）」など遊びの中で自分の思いを相手に話したり，お母さんや先生の会話を真似て話すなど言葉のやりとりを楽しんでいる姿も多くみられた。また雨が降って室内で過ごしている時，女の子たちがお姫様になりたいと冠を作り「わたし，Aくんと結婚するの。A君結婚しましょう」「わたしは，Yちゃん」「わたしは，Jくん」と積極的に誘いかけ「結婚式ごっこ」がはじまったこともあった。「2人の結婚式に先生が歌を歌ってあげるね」などと一緒に遊びに加わり盛り上げたり，鬼ごっこやかくれんぼなどの簡単なルールのある遊びにも誘い一緒に遊ぶよう心がけた。

4）1月～3月　おおかみやっつけちゃったよ（友達と遊ぶ楽しさを知る）

　雪が積もり，そり遊びや雪投げ，雪だるまつくりなど吹雪にならない限り

寒さにも負けず，元気に戸外での雪遊びを楽しんだ。このころになると食事の時にも「○○ちゃん一緒に食べよう」と誘い合って3～4人でテーブルをかこみお話ししながら楽しそうに食事をしている姿も多くなってきた。食事の時の会話を聞いていると，「お父さんが，ブーっておならをしたよ」とか，5歳児クラスの部屋の楽器を鳴らしていたら「うるさい」って年長さんにしかられたなど自分が体験したことを楽しそうに話している。周りにいる子は「ブーブーブタさん。臭いよねー」「うるさいおばけだ」など遊びの世界に入って楽しい会話が続いていく。このような子どもたちにもっと友達と遊ぶ楽しさを知ってほしいと思い，大好きなお話し「オオカミと7ひきのこやぎ」をもとにしたごっこ遊びをしてみた。初めは自分のしたい役をして楽しんでいたが繰り返し遊んでいるうちに，気の合う友達と一緒の役になる子が多く見られるようになってきた。「今日は何になる？」と相談したり，「オオカミしようよ」「お母さんになろうね」と友達を誘ったりするので役が決まるまでに少し時間はかかったが，子どもたちがそれぞれに考えながら一生懸命きめている姿は微笑ましく「今日はどんな役になるんだろう」といつも楽しみに見守っていた。このごっこ遊びを2月の発表会で保護者の方にも見てもらった。いつも遊んでいる時とは違い，ずいぶん緊張しながらも子どもたちは友達と一緒に楽しく役になり切って遊んでいた。

　1年を通して，子どもたちはいろいろな行事や遊びをきっかけにして友達と関わることを経験する中で友達と一緒に遊ぶ楽しさを知っていったように思う。どんなことにでも興味をもちやってみようとするエネルギッシュな子どもたちと共に，時にはガキ大将になって遊びを楽しむ事も3歳児クラスの保育者の役割と考え保育を進めてきた。子どもたちの中に入って同じ視野に立ってみる事で1人ひとりの気持ちや子ども同士の仲間関係も見えてきて，適切な援助につながったのではないかと考える。子どもたちが，同年齢だけではなくさまざまな年齢の子どもたちや保育者との関わりの中で成長していったように，保育者も周りのたくさんの仲間の保育者たちと関わり助け合うなかで，20名の子どもたちの生活の充実を考えていく事ができたのではないかと思う。

2. 子どもの姿

[2] 他者をよせつけないアサミちゃんをめぐって（個別事例）

　初めての保育所生活の緊張と不安からか，母親以外の大人に身体を触られる事を極端に嫌ったアサミちゃんは，11月生まれで両親と妹の4人暮らしである。3歳児で保育所に入所した場合，ほとんどの子が母親と離れて不安な気持ちになる。そこで，側にいる保育者に受け止めてもらうことで，安心へとつながっていくのだが，アサミちゃんは「さわらないでよ」「こっちへこないで」など強い言葉を言って，保育者が自分のそばへ近づくのを嫌がった。保育所に来ることは嫌がってはいなかったので，アサミちゃんには無理強いせず，ゆったりとした気持ちで見守っていこうと考え関わることにした。

表5−1　アサミちゃんの月別記録の例

名前　アサミ	子　ど　も　の　姿
6 月 （3歳7ヵ月）	入所当初は，母親以外の人に触られることを嫌がった。しだいに，おんぶしてもらうことが好きになり求めてくるようになる。背中から友達の遊びの様子を見ていて「何しているの？」と保育者に聞いてくる。友達の遊んでいる玩具で遊びたいが，「だめ」と言われ泣くこともある。「かして」といったり，待ったりすることを知らせていきたい。
9 月 （3歳10ヵ月）	自分の使いたいものを貸してもらえないと泣いて訴えることもあるが，保育者が相手の思いを伝えると我慢することができるようになった。このような経験を繰り返しながら相手にも思いがあることを伝えていきたい。
12 月 （4歳1ヵ月）	友達が一緒に遊ぼうと声をかけても，自分のしている遊びに満足している時は，「これしてから」と言う。みんなでするような踊りやゲームは「見てる」と，あまり入ってこないが，時には参加することもあるのでこれからも無理のない誘いかけをしていきたい。
3 月 （4歳4ヵ月）	発表会をきっかけに，友達と遊ぶことが多くなった。特に仲良くなったのはあんなちゃんで，この2人を中心にクラスの中の友達のつながりが深まってきている。みんなで遊ぶ中で楽しい友達関係を広めていきたい。

1）6月の場面　わたしのじゃましないで

　入所以来，アサミちゃんは母親以外の人に身体を触られることを嫌がり1人でいることが多い。この日も登所してくるとキョロキョロと保育室の中を見回し，誰もいないことを確かめると大好きなままごとのコーナーに入

っていった。そして，テーブルの上に皿，茶わん，コップ，箸を4人分並べ鍋の中にごちそう用のくるみをいれレンジにかけてかき混ぜ始めた。そこへまさや君が入ろうとした。すると，「これ，アサミのよ。さわらないで」と大きな声で怒り，両手でテーブルの物を抱えるようにしてまさや君をにらんだ。まさや君は，びっくりし泣き出しそうになっていたので，保育者がまさや君を好きな車の遊びに誘いアサミちゃんが遊びを続けるようにした。アサミちゃんは，鍋の中に豆も入れスプーンでガラガラと音をたててしばらく混ぜてから，皿と茶わんの中に盛りつけた。<u>できあがった4皿分のごちそうをじっと見ていたので</u>，4人家族のアサミちゃんの家を再現しているのだろうと考え，家の人になってあげようとまさや君と一緒に「<u>まぜて</u>」<u>と言ってみた</u>。「いいよ」と返事をしてくれたアサミちゃんであったが，保育者とまさや君がテーブルの前に座ると顔をこわばらせさっとその場を離れて部屋から出ていってしまった。

2）9月の場面　うさぎさん，だっこできるよ

　お天気の良い日だったので，<u>うさぎを外の小屋に出す手伝いをアサミちゃんにも頼んでみる</u>。「いいよ。アサミだっこして連れていってあげる」とうれしそうに保育者の後からついてくる。アサミちゃんの腕の中にうさぎを抱かせようとしたが，うさぎがびっくりして飛びはねたので外の小屋までは保育者が連れていった。家で飼っているうさぎとは勝手が違うことに少し戸惑ってはいたが，保育者のそばにピタリと寄り添って小屋までついてきた。アサミちゃんは，「<u>うさちゃんに，ごはんあげよう</u>」<u>と葉っぱを取ってきてうさぎに食べさせ始めた。その様子を近くで遊んでいたあんなちゃんとゆうかちゃんが見ていて同じように葉っぱを取ってきて食べさせ始めた</u>。うさぎが草を食べなくなるとアサミちゃんは，「もうおなかいっぱいなんだね。もうやらなくていいよ」と2人に言うとうさぎの背中を両手でつまみ，抱き上げようとしたが，うさぎは，すみっこの方に逃げてしまった。保育者が「アサミちゃん，抱っこしたいのね。こうして下からそっとすると痛くないから逃げないよ。」と知らせアサミちゃんの腕の中にうさぎを入

れてあげた。アサミちゃんはやさしく抱いて「いいこね，いいこね」とうさぎに話しかけていた。「アサミちゃん，うさちゃんのお母さんみたいね」というとうれしそうに保育者の顔を見てにっこりと笑った。

3）11月の場面　まねっこ遊び「私のうさぎかわいいでしょう」

　朝の集まりの時，アサミちゃんは誘われてもみんなの輪の中に入らず，部屋の端で1人で絵本を読んでいた。保育者と他の子どもたちが，保育所にいる動物の真似をはじめると本から目を離し，みんなの動きをじっと見ていた。だんご虫，かめ，鳥，……。そして，よしき君が「先生，うさぎもいるよ。」と言って部屋のなかを歩き始めた。「よしき君のうさぎさんかわいいね」と保育者が言うと，みんながうさぎになって歩き始めた。「アサちゃんのうさぎさんもみせて」と声をかけると「いいよ。あのね，こんなにして歩くんだよ」とピョンピョン飛んでみせてくれた。「先生，かわいいでしょ！」と保育者の方をみて言ったので「うん！すごくかわいいよ」と言うとうれしそうに笑ってみんなの中に入り，一緒に遊びはじめた。その後，おたまじゃくし，アリ，カエルに変身しても参加し仲間と楽しそうに遊んでいた。

4）12月の場面　先生にないしょだよ

　アサミちゃんは，毎日家から，人形やシール，アクセサリーなど，いろいろなおもちゃをカバンに入れて持ってくるようになる。ある日，アサミちゃんのカバンの周りに数人の女の子たちが集まってカバンの中をのぞき込んでいた。「何しているの？」と声をかけるとアサミちゃんがにこにこ顔で「なにもないよ！」と答えた。すると周りの子も「なにもないよ！」とにこにこしている。そっと離れて様子を見ていると，アサミちゃんは，カバンの中からシールをだしみんなの手に1枚ずつ張ってあげている。かわいいシールを1枚ずつ張ってもらってうれしそうな女の子たちは，「ままごとしようよ」と言うアサミちゃんの後についてままごとコーナーに行きお母さん役のアサミちゃんを中心にしてお母さんごっこが始まった。

5）3月の場面　トロトロクリームのできあがり

　アサミちゃんは，戸外に出るといつものきまった場所にござを持ってきてひいた。あんなちゃん，みくちゃんもアサミちゃんの後からついてきてござに座った。「わたし，お母さんになるからね」といち早く自分のなりたい役を言うアサミちゃん。続いてあんなちゃんが「わたしお姉ちゃん」。みくちゃんが「わたし……」とちょっと困っていると，すかさず「バブちゃん（あかちゃん）になって！」とアサミちゃん。みくちゃんは，しばらくだまっていたが「バブちゃんはいやだ。わたしもお姉ちゃんになりたいもん」と言った。しかし，あんなちゃんに「だって，わたしがお姉ちゃんだもの！」と強い口調で言われ，みくちゃんは泣きだしそうになってしまった。「2人，お姉ちゃんがいたらだめかな」と保育者が言ってみると，アサミちゃんもあんなちゃんも「うん，そうだね」と言ってみくちゃんもお姉ちゃんになることがきまった。そこへ，ゆきなちゃんが「いれて」とやってきた。アサミちゃんは，「いいよ」と言うまえに「ゆきなちゃん，バブちゃんだよ」と言うとゆきなちゃんは「うん。バブになる」と答えて仲間に入った。役が決まるとなぜかお母さんもバブちゃんもみんな一斉に「まぜまぜミックス」（p. 123〜124参照）をはじめ，しばらくクリーム作りに夢中になっていた。「先生見て。ホラ！こーんなにトロトロクリームできた！」とアサミちゃんが保育者をよんで見せると，みんなも「見てー」とうれしそうにみせてくれた。そこで保育者が土を固めてお盆に載せ「ケーキをつくってみませんか」ともってくるとアサミちゃんが「ハピバースデーしようよ」と言った。あんなちゃんやみくちゃんは「わたしさくらんぼ

トロトロクリームのできあがり

さがしてくる」「わたしろうそくみつけてくる」と捜しに出かけていった。するとアサミちゃんが「アー忙しくなってきたわ。バブちゃん，お母さんは忙しいからいい子にしていてね」とゆきなちゃんに言ってお誕生会の準備を始めた。その後，<u>お母さんになりきったアサミちゃんを中心に男の子たちも数人加わって誕生会ごっこへと遊びは発展していった。</u>

6) アサミちゃんとの一年間を振り返って

　家庭の中で母親や妹と一緒の生活をしていたアサミちゃんの目に保育所はどんなふうに写ったんだろうか。「ものすごく，楽しみにしていたんだよ」と言う母親の言葉通り，半日入所の時のアサミちゃんは，保育者にも「りょう君の先生でしょ。アサちゃんしってるよ」と気軽に話しかけるほどリラックスして，とても活発に遊んでいた。いとこのりょうた君は同じ3歳児クラスにいるし，りょうた君の妹のかなちゃんも1歳児クラスにいるので，まったく知らない人ばかりで不安というよりも，むしろ遊び仲間のいとこが2人も一緒の保育所にいることで誰よりも保育所生活を楽しんでくれるのではないかと考えていたのである。6月の場面にあるように保育者だけではなく，周りの友達にもきつい言葉を投げかけることが多く，そのことがより一層アサミちゃんと他児の関わりを妨げるものとなっていった。ままごとはアサミちゃんの好きな遊びの1つでこの時は，お皿や茶わんを4個並べ自分の家の家族の様子を1人で再現して遊びたかったと思われる。この頃には，さみしい時など担任の保育者に「おんぶして」といってくるまでになっていたのだが，自分のしたいことを妨げられたくないという思いが強かったのだろう。アサミちゃんのきつい言葉に対しては，「アサちゃんひとりであそびたかったのね」とアサミちゃんの気持ちを受け止めながら，「まさやくんびっくりしているよ」「こんどいっしょにしたいな」など友達や保育者の気持ちを伝えるように心がけてきた。9月や11月の場面では，家でも犬やうさぎを飼っていって，動物好きなアサミちゃんが，自分の差し出す草を無心に食べてくれる「うさぎ」を通して周りの人たちに心を開いていく様子がよみとれる。いとこのりょうた君と一緒にうさぎに餌をあげていたことは今までにも何度となくあったが，こう

して友達や保育者と楽しそうにしていることはなかった。保育者の「うさちゃんのお母さんみたいね」の言葉がアサミちゃんの気持ちに通じたのではないだろうか。

　このような経過の中でもアサミちゃんが母親と離れて不安な気持ち，母親を求めている気持ちを保育者が受け止めることで，アサミちゃんとのつながりができていったのではないかと思う。確かにアサミちゃんは，4月の入所の頃から不安な気持ちのよりどころとして人形などさまざまなおもちゃを家から持ってきていた。他の子どもたちが保育所に慣れてくるにつれ，おもちゃ類を持ってくることが少なくなってくるのとは反対にアサミちゃんは，友達との関わりをもつための1つの方法としてだんだん増えてきた。「おもちゃは持ってきたらカバンに入れておこうね」と約束しているのでアサミちゃんもそれを守って，12月の場面のようにこっそりとシールを友達に張ってあげている様子は見ていて微笑ましかった。3月には，遊びをリードするクラスの中心存在になったアサミちゃんと友達との関わりがみられる。アサミちゃんの強さが遊びの発展になって良い方向にいく事もあれば，逆にそれがわがままとなって仲間に入れない友達を作ってしまうこともある。アサミちゃんは，気の合う友達もできて，保育所生活を楽しむまでになっていったが，その1年間をみつめながら，3歳児期の子どもたちが仲間の中で生活する楽しさを知っていくためには，子ども同士の関わりの仲立ちとなっていく保育者の存在の大切さと，時間をかけてゆったりとした気持ちで関わっていくことの大切さを強く感じた。また，アサミちゃんがうさぎによって心をなごませていったように，保育所の環境のあり方としては「生き物」を飼うことも必要なことなのではないかと思った。

3. 保育室の様子

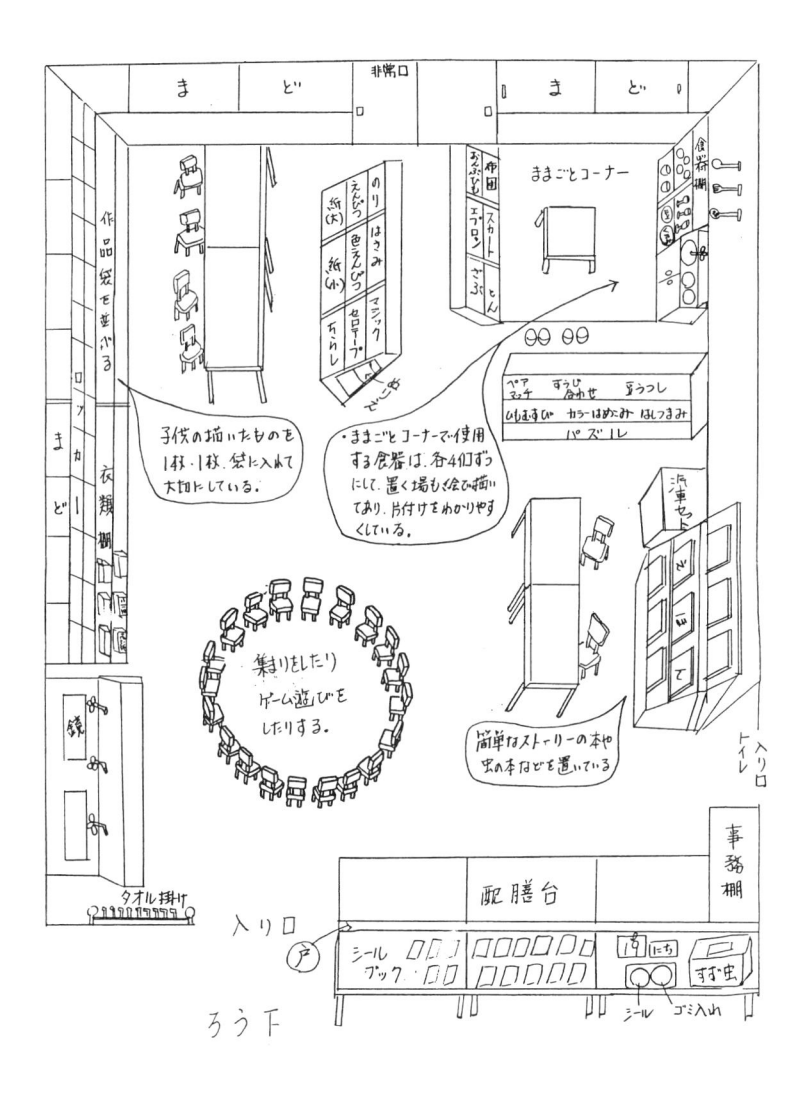

4. デイリープログラム

表5－2　ウサギ組（3歳児）デイリープログラム

時　間	生活の流れ	子どもの活動	保育士の養護・援助事項
7:30	登　所 （早朝保育）	◎友だちや保育者と挨拶をする。	・視診（顔色，機嫌）を十分に行い，保護者から体調についての連絡を受ける。 ・保護者から離れにくい子どもは，抱いたり，話しかけたりしながら受け入れていき，気持ちを安定させる。 ・子ども同士の挨拶ができるように言葉かけする。
		◎持ち物の始末をする。 ・タオルをかける。 ・カバン，水筒をかける。 ・シールを貼る。	・1人ひとりの始末の状態に合わせて，見守ったり，手助けしたりする。
	遊　び	◎いろいろな遊びをする。 ・好きな遊びをする	・1人ひとりがやりたい遊びを選んで，集中して遊べるように興味や発達に応じた環境を整えていく。 ・遊びの中で危険を伴うような時は，その場に応じた言葉でしてはいけないことを知らせていく。 ・トラブルが起きた時には，双方の子どもの気持ちをよく聞き対応していく中で，相手にも思いがあることを知らせていく。 ・自分の気持ちがうまく表現できない子どもには，子どもが話す気持ちになるのを待ったり，気持ちを代弁したりしていく。
9:45	排　泄	◎排泄をする。	・トイレに一緒に行き，排泄の仕方を知らせ，できない子どもには介助する。 ・手洗い時，袖口を濡らさないように注意を促す。
	集まり	◎人数調べをする。	
		◎1人ひとりの課題によって，自分で選んだ活動をする。	・落ち着いた雰囲気にする。 ・課題は子どもの興味，発達に応じて提示し，1人ひとりの子どもにあった対応をしていく。
11:20	片付け	◎保育者や友達と一緒に片付けをする。	・子どもが片付けしやすいように，子どもの手の届くところに置き場所をつくる。絵や文字，記号で片づけの場所を示す。 ・片付けが楽しくできるように，子どもに語りかけ励ましながら保育者も一緒に片づける中で，元のところへ返すことを知らせる。
	排　泄	◎排泄をする。	・1人ひとりの子どもの排泄のリズムを把握しておき，したい子どもだけ誘うようにする。 ・排泄を失敗しがちな子どもには，前もって早めに言葉がけしていく。
	手洗い	◎手洗いをする。	・水道の蛇口の開けしめの仕方，石鹸の使い方，タオルでの拭き方を知らせていく。
11:40	食　事	◎食事をする。	・楽しい雰囲気の中で，落ち着いて食べることができるように，環境に心配りする。 ・パン，コップ，おかず（汁物以外）を自分で配膳し，食卓へ運びやすいよう配膳台を整えておく。（進級児クラス，新入児クラスそれぞれ，子どもの状態に合わせてすすめていく）

時　間	生活の流れ	子どもの活動	保育士の養護・援助事項
		◎食べ終わった子どもから食器を片付ける	・1人ひとりの飲食量に合わせて加減し，保育者や友だちと楽しく食事ができるようにする。 ・食事の片付け場所を，一定にして片付けしやすいようにしておく。 ・食事の仕方（姿勢，箸やスプーンの持ち方，パンの食べ方等）を知らせていく。
12：50	昼寝準備	◎うがいをする。 ◎片付け，排泄，手洗いをする。	・食後のうがいに誘う。 ・食べ終わった子どもは，静かな遊びに誘う。 ・昼寝の前には，排泄に誘う。
	昼　寝	◎保育者の話を聞いたり，絵本を読んでもらったりして，静かに眠る。	・1人ひとりの子どもの，午睡の状態に応じて対応していく。（眠くなっている子どもには，先に眠ることのできる場所を用意する。まだ眠くない子どもには，静かに遊べる場所，玩具，絵本等を用意する。）
		※子どもの午睡状態をみながらすすめていき，年度後半より，1人ひとりの子どもに合わせ4歳児デイリーに移行していく。	・1人ひとりの睡眠時間や起きる時のくせを把握し，目覚めをさわやかにする。
15：00	おやつ	◎手洗いをする。 ◎おやつを食べる。	・目覚めた子どもからおやつを食べることができるように，準備しておく。 ・保育者や友達と，一緒に楽しくおやつが食べられるようにする。
		◎うがいをする。	・食べた後，うがいをするように促す。
	降所準備	◎タオルをたたんでカバンにいれる。	・身支度ができるように1人ひとりに声をかけたり，手助けをしたりしていく。 ・落ち着いた雰囲気をつくり，1日の生活で楽しかったことを話したり，絵本，紙芝居の読み聞かせをする。
	降　所	◎お迎えの子どもから順次帰宅する。 ・挨拶をして帰る	・帰っていく子どもに「また，明日ね」と挨拶をして，笑顔でおくる。 ・保護者には，1人ひとりの子どもの様子をていねいに話しながらコミュニケーションを図るようにする。 ・保護者への，連絡事項について延長保育担当者とクラス担任間で連携をしっかりとっておく。
16：30	長時間・延長保育	◎長時間・延長保育児はそれぞれの保育室で遊ぶ。	・3歳未満児，3歳以上児それぞれの遊びを，十分楽しむことができるように，5時15分までは保育室を別にする。 ・残っている子どもが不安なく待つことができるように，家庭的雰囲気の中で保育をすすめる。
19：00	最終児降所		

5. クラスだより

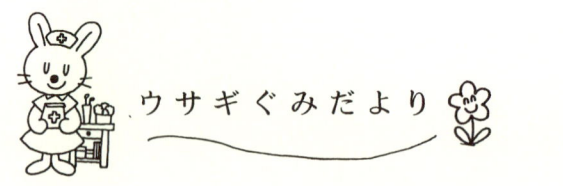

ウサギぐみだより　5月号

　朝、お家の人と分かれた後、さみしくなって「だっこして」「おんぶして」といってきたお友達が数人、私の周りにいました。
でも、わたしの体は一つ！だっことおんぶをしても2人まで！
あとの子ども達はどうすればいいのだろう？と困ってしまいました。
そこで、昨日子ども達が看護婦さんの話をしていたことを思い出し

　　「どこかに、泣いている人や元気の
　　ない人を強くしてくれる、お医者
　　さんか、看護婦さんになってくれ
　　る人はいませんか」

と聞いてみました。すると、めぐみちゃんが「わたし、なってあげるわ！みんなをたすけてあげるからね！せんせい、看護婦さんの帽子作って！」と言ってくれたのです。「ありがとう、めぐみちゃん！それじゃあ、帽子を作りましょうね」と、こんな形の看護婦さんの帽子を作りました。

作り始めると部屋で遊んでいた子ども達が次々ときて、「わたしもほしい」「かんごふさんしたい」と言うので、みんなに一つずつ作りました。
中の色は赤と決めないで好きな色をぬってあげたのですが、ほとんどの子がピンクと赤でした。この中にいた、白一点のようへい君は黒をぬりました。
でき上がった帽子をつけためぐみちゃんが「看護婦さんの薬を入れるカバンを作らなくっちゃ」と言って製作コーナーでカバンを作り始めました。
「おんぶ」「だっこ」と言っていた子もみんなこの帽子をつけて元気になり私の周りから離れて、めぐみちゃんを見ながらカバン作りを始めました。ようへい君は、ウルトラマンのお医者さんになってはりきっていました。

ウサギぐみだより

１１月号

　今日は、ライオン組さんとパンダ組さんが図書館へ行く日だったので、ウサギ組さんが、かめやうさぎのお世話を頼まれました。
朝の集まりの時に子ども達に話しをすると「わたし、うさぎさんする」「ぼくかめする」と元気な声が返ってきました。だいじょうぶかな？と心配する私をおいて子ども達は外に飛び出していき、みんなでお世話をはじめました。

　大きいかめのいる池の所では、ゆたか君がデッキブラシを持って、ゴシゴシをこすっていました。しんや君としゅんすけ君もデッキブラシを持っていたのですが、テラスのコンクリートをこすりながら嬉しそうに走っていました。かずき君とこうた君は、池の中の汚れた水をバケツに入れて何回も何回も流しに行っていました。

ちびかめの所では、あさみちゃんがかめを水槽に入れたまま中の石を取り出してきれいに洗っていました。
ライオン組さんから「逃がさないように」と頼まれていたちびかめは、行方不明になっていたのを昨日の夕方、辻井さんの家の前の下水のところでやっと見つけたばかりだったのです。

　うさぎ小屋の中では、ようへい君が水をかえ、なおき君がほうきで「うんち」を集めていました。えさは、まゆちゃんが入れて、ゆいちゃんとさきちゃんはうさぎが逃げないように見ていました

　子ども達は、日頃からライオン組さんのすることをよく見ていたんですね。私たちが言葉をかけなくても、自分たちでびっくりするくらい上手に、そしてていねいにお世話をしていました。最後は、これもライオン組さんと同じように、きれいに手を洗って消毒をしていました。終わった後、それぞれ好きな遊びを始める子ども達の姿を見ていて、とてもうれしくなりました。みんな、何だかとっても大きくなってみえてきちゃいました！！

参考文献

石井哲夫・待井和江(編)　1999　改訂保育所保育指針全文の読み方　全国社会福祉協議会

村田保太郎　1990　幼児理解と発達課題の実践：保育の根っこにこだわろう　全国社会福祉協議会

日本の保育を考える京都の会(編著)　1987　心の養護：保育所における養護の内容と計画の実際　日本保育協会

高浜介二・秋葉英則・横田昌子(監修)　1984　年齢別保育講座　3歳児の保育　あゆみ出版

❖ 第6章 ❖
4歳児の姿と保育者の思い

1. 保育者の思い

[1] パンダ組への期待

　4歳児期は，話し言葉の一応の完成期に入るといわれている。言葉で自分の思いを表現し友達の言葉にも耳をかたむけ，しゃべりこむような仲間関係を作りたいと思った。3歳児期に芽生えた仲間とのつながりを広め深めるような経験を通して，仲間と一緒に関わってすることの楽しさを感じてほしいと思った。そのためには，クラスの子どもたち全員ができる活動を共有し，その中で経験する1人ひとりの思いがみんなの中に広がり，自分のことのように考えながらお互いが認め合い励まし合える仲間関係を育んでいってほしいと思う。

[2] 担任になって

　4歳児クラスであるパンダ組は，進級児21名に1名の新入児を加えた22名でスタートした。担任はもち上がりである。

　3歳児クラスの時には，1人ひとりの育ちを大切にしながら友達とすることが楽しくなるような経験を意図的に取り入れ仲間関係の芽生えが育つよう心がけてきた。一般的に4歳児の仲間関係というと"クラス"をまとめようとする傾向が強いように思える。しかし，"個"があっての"集団"であり，"個"を大切にし個々の子どもの仲間意識の芽生えと変容を見守っていく中でクラスのまとまりを考えたいと思った。そこで，保育の中で子どもたちがクラスという空間を共有するだけでなく，遊びの中で友達との共感関係を深める機会を多く作っていくよう心がけることにした。互いに相手を感じ，知ることが「仲間関係」であるという

ことをたえず心におきながら保育をすすめていきたいと思った。担任として子どもたちが互いに相手を感じ知るために，仲間と遊び込み，しゃべりこめるような生活を保障することが大切だと考えた。

2. 子どもの姿

[1] クラスの子どもたち

1）4月～5月　自分たちでお引っ越し

3月31日に毎年恒例の「お引っ越し」が行われた。この日を楽しみしていた子どもたちは，かばんや着替えなどの自分の荷物，かばん掛けやロッカーに貼る名前カードを持ってウサギ組からパンダ組へ行き，自分で決めた場所にカードを貼り荷物を入れた。この名前カードは，文字はんこを使って子どもたち自身で作ったものだ。気の合う友達同士で「一緒の所にしようね」と声をかけ合い，かばん掛けやロッカーの場所が隣同士になるように時間をかけて決めている子どもたちも見られた。

4月3日の朝，この日を心待ちにしていた子どもたちは，新しい名札をつけ，新しい出席ノートにシールを貼った。得意そうにおうちの人に自分の作った名前カードを見せたり部屋の中を案内したりする姿も見られた。このように，自分たちで進級の準備をすすめたことが大きくなったことへの喜びにつながり，さらにはこれから生活する保育室への愛着を高めたのだと思う。

2）6月　一緒にすると楽しいよ

6月に入って生活にも落ち着きが出てきた中で，子どもたちの姿に変化を感じた。それは，3歳児クラスの時と比べて，気の合う仲間と目的をもった遊びが継続するようになったことである。また仲間同士の会話がとても活発になってきた。特に，食事中は，一日の生活の中で気持ちもゆったりとして楽しいひとときになるためか，話に夢中になったり，「○○ちゃん，食べたら～して遊ぼうね。」と声をかけ合ったりする姿が見られるようになった。

簡単なルールのある集団遊びにも「やってみたい！」と喜んで参加するようになってきた。中には，遊びそのものに参加しない子もいるが，カセットの操作な

どひとつの遊びの中で何らかの役割を担うことで，友達と同じ場面を共有し「みんなと一緒にした」という思いが育っているようだった。

3）7月～8月　がんばっている友達を応援

「川作り」「ジュース屋さん」「ホースの水かけごっこ」など気の合う友達と砂・泥・水を使った遊びを十分に楽しんだ子どもたちは，7月中旬から始まったプール遊びをとても喜んだ。プールに入る時間になるとそれまで遊んでいた遊具を片付け，自分たちで着替えに使うかごを用意したり，遊びを続けている友達に「プールの時間だよ」と知らせたりするなど，生活を見通して行動する姿も見られるようになってきた。「今日，潜ってみるよ」「水中メガネをかけて，水に顔をつけてみよう」などと自分なりの目当てを見つけ挑戦しようとしたり，「オリンピックごっこしようよ」「一緒に泳ごうね」と友達を誘うようになってきた。

しかしその反面，みんなと一緒にプールに入って遊びたいという気持ちはあるが，顔に水がかかったり大勢で入ることが苦手なため入れない子どももいる。そのような子どもたちにもプール遊びの楽しさを味わってほしいと思い，他の子どもたちの休息タイムを利用してプールに誘うようにした。保育者が一緒にプールに入りしゃがんで肩まで水につかったり，手をつないでゆっくりと歩いたりしながら「いっぱい歩けたね」と励ました。そうした中で少しずつ水の心地よさを感じ，プールに入ることに慣れてきている様子がうかがえた。また，周りで見ている子どもたちも「こわくないよ」「気持ちいいでしょ」と声をかけ，頑張っている友達を励ましていた。「ちょっと苦手なこともみんなに支えられて乗り越えていける」といった，友達を認め励まし合える仲間関係が育っているように思えた。

4）9月　力を合わせたらすごいよ

9月の中旬に，子どもたちは園外保育で初めて路線バスに乗るという経験をした。5歳児クラスの子どもたちからバスに乗るためにはお金が要ることや，行き帰りは自分の荷物を持って歩くことなどの話を聞き，緊張の中にも大きい子どもたちと一緒のことができるという喜びと自覚が感じられた。出かける前日まで雨の日が続くと大好きな「てるてるぼうずいちまんこ」の話しを思い出し，「お天気になるようにみんなでてるてるぼうずいちまんこ作ろう！」と子供同士声をかけ合っ

路線バスに乗って，はりきって出かける

て作り始めた。出来上がり部屋中の窓に飾られたてるてるぼうずの数は迎えに来た母親たちが驚くほどだった。当日は，前日までの雨がうそのような秋晴れの日となった。「よかったね。てるてるぼうずのおかげだね」とみんなで喜び合い，路線バスに乗ってはりきって出かけていった。「1人ではできないことも友達と一緒ならできる」，力をあわせて「やった」という満足感を大切にしていきたいと思った。

5）10月〜12月　ライオン組にあこがれて

　運動会前後から，5歳児の遊びをさかんにまねるようになった。砂場での道路工事ごっこ，自然物やいろいろな素材を使ってのレストランごっこ，チョークをつぶしてのマニキュアやさんごっこなど，5歳児の遊びを自分たちの遊びとして取り入れて，気の合う友達を誘い共通のイメージをもって遊ぶ姿が見られるようになってきた。また，自分たちから給食やおやつを5歳児室へ食べに行くようになり，5歳児が魅力ある存在として映っているようであった。

　特に，運動会をきっかけに始まったリレーは，12月下旬に雪が降るまで続いた。5歳児のチームに入れてもらい，ルールを教えてもらったり作戦を話し合う輪の中に入ったりして，リレーを楽しむ子も見られた。自分のチームが負けるとくやしがり，自分と一緒に走る相手に自分より足の遅い子を誘ったりする子もいるが，相手が年下のときには歩調を合わせたり待ったりするなどの姿は，5歳児の姿をよく見ていると思った。12月に入ると，それまで5歳児や保育者のリードですすめられていたリレーを自分たちでコーンを運びラインを引いて準備し，友達を誘って始めるようになってきた。5歳児が一緒だと見ているだけの子どもたちも，クラスの友達が準備を始めると気の合う友達を誘って遊びに入って来た。そして，走っている友達に声援を送ったり声援を送られたりして力いっぱい走り，次の友

達にバトンを渡したりゴールに飛び込んだりして満足して遊ぶ姿が見られるようになった。

　保育所では午前の遊びが午後からも続けてできるので，一日の遊びの時間が見通せるようになる。今日もあさっても続きができるという保証がされているから

ライオン組と一緒にリレーごっこ

こそ，勝敗にこだわり何とか勝ちたいと繰り返し挑んだり，勝敗を気にせず自分の好きな友達と走って楽しんだり，相手の年齢にあわせて力加減したりなどいろいろな場面を経験することができるのだと思った。そして，このような経験を繰り返すことで友達の行動や思いを自分の事のように捉えることができるようになってきたのだと思う。仲間がいるからこそ，競い合ったり励まし合ったりして自分を高め，自己をコントロールする力が育っているのだと思う。

6) 1月～2月　みんなが主役の発表会

　2月のカレンダーに"生活発表会"と書き入れて子どもたちに伝えた。昨年の発表会のことを思い出し，すぐに「何かして家の人に見せたい」と張り切る子どもも見られた。中でも日頃から，変身ごっこや映画ごっこを楽しんでいた子どもたちは，「みんなで"おむすびころりん"したい」「私たち，おひめさまごっこしたい」と次々にやりたいことを伝えてきた。表現することの好きな子どもたちは自由にせりふを言ったり，愉快に動いたりして自分の好きな役になりきって楽しんでいた。表現することがあまり好きではない子どもたちも，友達が楽しそうに取り組む姿を見て，しだいに「おもしろそうだな，自分もやってみたいな」という思いになってきたようだ。動きをまねたり，小道具を作り始めるようになってきた。そしてクラス全体が発表会に向けて動き出した。保育者の助けを借りながら「みんなで一緒に考えたらうまくいった」「みんなでしたから楽しかった」という喜びを感じ，友達と1つの目的に向かってやりとげた充実感を味わった。担

任だけでなく周囲の保育者に認められていくなかでお互いを認め合い，さらにクラスの一員であることを自覚していったのではないかと思う。

7）3月　いよいよライオン組！
　2月28日，3月のカレンダーに予定を書き込む保育者の周りに子どもたちが集まって来て言った。「今日で2月は終わりだ。明日から3月だね」「2月のカレンダーをあの1月の横に貼るんだね」子どもたちが見上げた先の壁には4月からのカレンダーが貼られている。「私たちってあの4月からパンダ組になったんだよね」「5月が過ぎて，6月が過ぎて……1月が過ぎて2月が過ぎてそして3月が過ぎたら私たちいよいよライオン組だね」と一枚ずつ指さしながら自分たちがパンダ組で生活した月日を振り返っていた。
　3月に入りお世話の引き継ぎが始まった。今までも5歳児が留守の時に代わりにしていたが，直接5歳児が動物に関わる姿を見たり掃除のコツを教わったりする表情は真剣だ。
　4歳児は5歳児の姿を見て育つと言われる。修了する5歳児にたくさん遊んでもらったお礼にプレゼントを作った。修了式の会場の飾り付けを準備しながら「今度保育所で一番大きなクラスになるから僕たちがするんだね」と言う子どもたちの自信に満ちた言葉に，まさに1年間の育ちを実感した。

[2] 時間をかけて"友達と関わる力"をつけていくツヨシ君をめぐって（個別事例）
　ツヨシ君は，今機嫌良く遊んでいたかと思うと急に一変して乱暴な言動になることが多い。遊びや生活が自分の思いどおりにならない時はもちろん，寝不足や朝食を取らずに来たなどから不機嫌な状態で登所し，それを引きずることもある。手拭きタオルや歯ブラシなど忘れ物をしたこと，着替えが無いことが始まりのこともある。原因はいろいろあるが"荒れた"状態，"すぐにキレる"状態，"気分に波がある"状態は一日に何度も見られた。今ニコニコとしていたじゃないの，今機嫌良く遊んでいたじゃないの，なんで急に変わるの？と担任は頭を抱える日が続いていた。1歳児より入所した11月生まれのツヨシ君には，思うようにならないとたたく，噛む，物を投げる，くじる（ひっかく），つねる，つばを吐く，ひっくりかえって泣き続ける，という行動が見られた。その都度これらの行動の

裏側にあるものは何かを担任は考え，安定して過ごせるような関わりを工夫してきたつもりだった。しかし，成長するにつれ本児の体は大きくなり言動はより乱暴になってきた。その都度1つひとつの言動に対処してもまた形を変えて表れるということが続いていた。本児の荒れは自分の生活を優先させる母親の育児に対する態度を切り離しては考えられないため，姉の担任だった保育者と話し合ったり，所内研修に提案したり，また専門家のアドバイスを受けたりもした。そんな時，1人の男児の育ちを"人との関わり"に視点を絞って経過観察している資料に出会った。それを読んで，私はツヨシ君の"荒れ"の原因を探ることばかりに気をとられて"人との関わり"の育ちを見落としているのではないかと思い始めた。もちろん"荒れ"の原因を探ることは安定した保育所生活を送るためにはとても大切なことだが，私はもう一度"人との関わり"に視点を絞って本児の姿を追って見ることで本児の育ちが見え，新たな手だてできるのではないかと考えた。

表6-1　ツヨシ君の月別記録の例

名前　ツヨシ君	子 ど も の 姿
6 月 （4歳5ヵ月）	友達と一緒に遊びたいが自分の気持ちをうまく表現できず，乱暴な言動をとるため相手に拒否されることが多い。少しずつ，自分の気持ちを表していけるよう場面に応じて方法を知らせ励ましていきたい。
9 月 （4歳11ヵ月）	乱暴な言動は，保育者が理由を理解し受け入れながら，気持ちを言葉で伝えることを繰り返し知らせていくことで少なくなってきた。ごっこ遊びにも保育者に励まされて友達の中に入っていくようになり一緒に遊びたいという気持ちを言葉で表現するようになってきている。今後は集団遊びやゲームに誘い，友達と遊ぶ経験を増やしていきたい。
12 月 （5歳1ヵ月）	ごっこ遊びでは，保育者が仲立ちとなると自分のなりたい役になって友達と遊ぶ姿も見られるようになってきた。しかし，集団遊びやゲームでは自分の思いどおりにならないといって部屋を飛び出したり大声で泣いたりする場面も見られる。友達と遊ぶ楽しさを知らせていく中で乗り越えていけるように援助していきたい。
3 月 （5歳4ヵ月）	集団遊びやゲームでは思いどおりにならないと腹を立てやめてしまうが，友達が遊んでいる様子を見ているうちに保育者に誘われて再び参加してくるようにもなってきた。発表会で，誰もしない役を1人でやりとげたことで友達に認められ嬉しい気持ちを味わった。感情の起伏は激しいが，友達の中で自分はどのように見られているか気づきつつあるので，クラスの中で本児の良いところを取り上げ自信につなげていきたい。

1）4月の場面　バカヤロウ，ウチニカエル

　この日もツヨシ君は不機嫌に登所した。しかし朝が早かったため1人で遊戯室の遊具を思うようにたくさん使うことができ，しだいに遊びに熱中していった。しばらくして女の子たちが泣いているT男をつれてきて，ツヨシ君に頬をつねられたと教えてくれた。「だって，T男"まぜて"って言わんと入った」とツヨシ君。T男は新入児である。「黙って入ってきたの嫌だったんだね。でもT男君，保育所で遊ぶのは初めてなの。だから，"まぜて"って言うこと知らないのかもしれないね。だから，ほっぺをギューってしないで"まぜて"って言うんだよって教えてあげてほしいな」と言うと「わかったよ，もうせんね」と下を向いてブツブツ言っていた。

　数日たったある日の午後，A男，D男が遊戯室のマットの上で相撲をしていた。ツヨシ君はニコニコとして2人の動きに合わせて自分もはしゃいでいた。ツヨシ君がこの遊びに入りたくてたまらない様子が手に取るようにわかる。ところが，どれだけたってもなかなか入れない。そのうち，保育者の姿を見つけて「まぜてくれん」と訴えてきた。2人に理由を尋ねると「だって，ツヨシ，すぐに暴れるから嫌だ」とA男。ツヨシ君はその言葉が終わらないうちに「暴れとらん」と言いながら足で床をタンタンと蹴り，大泣きし始めた。「そうやって泣くのを暴れるって言うんだよ。だから嫌だって」と保育者が言うと，不満そうな表情ながら「なら暴れんね」とうつむいて小さな声で言った。D男に「それなら，まぜていいよ」と言われ遊びに加わった。しかし，すぐに"マットから出たら負け"と言うルールを守らないと2人に言われ飛び上がって泣いて怒った。保育者が「ツヨシ君はどうしたいの？」と聞くと「負けるの嫌だ」と力一杯床を蹴り続ける。「足が出たら負けなんにツヨシやめんとやってくる」とA男とD男。ルールの説明をして「負けてもまたできるよ。次，頑張ろうね」と保育者が言っても怒った気持ちはおさまらず「バカヤロウ」「ウチニカエル」を繰り返し，園庭に飛び出して行った。

2）6月の場面　ツヨシ君が好き

　朝の集まりの時,「好きなものはなに！」と1人ずつに聞いた。ウルトラマンティガ，キティちゃん，いぬ，など子どもたちは順々に答えていった。J男の番になった。J男は小さい声で，でもはっきりと「ツヨシ」と言った。それまで落ち着きなく座っていたツヨシ君は，あわてて座り直した。保育者は「J男君はツヨシ君のことが好きなんだね。ツヨシ君は走るのも速いしブロックで何でも作れるしね。それに一緒に戦いごっこすると楽しいもんね。」と言葉を添えた。クラス全員の前で自分の事を"好き"と言われたツヨシ君は身を固くして喜んだ。

　次の日,「ツヨシ君が5歳児のP男に泣かされている」と友達が知らせてきた。5歳児室で「P男君，キックとパンチした」とツヨシ君がうずくまって大声で泣き続けている。ツヨシ君の隣でJ男は心配そうな表情で「戦いしとった」と保育者に伝えた。P男の「ツヨシだってキックとパンチしたよ」の言葉に，ツヨシ君の泣き声もしだいに小さくなっていった。保育者は「戦いごっこしてたんだ。ツヨシ君もキックとパンチしたんだね」と事実を伝えた。しばらくして，ツヨシ君はすくっと立ち上がり自分で涙を拭いた。そして,「ちょっとお茶を飲んでこよう」と4歳児室に戻った。その後，遊戯室に行き，片付けを手伝っていた。

3）9月の場面　水, くんできまーす

　園庭の隅でG子，O子，S子が，型抜きした砂に，サルビアやベゴニア，色づいた木の実などを飾りケーキを作っていた。「先生，食べに来て！」「どのケーキにしますか？」保育者が「これください」と1つを選び,「コーヒーも下さい」と言うと3人は顔を見合わせた。「あのーすみません。今コーヒーはないんです。」「今すぐに作りますから」G子が水を汲みに行こうとした時，そのそばをツヨシ君が通りかかった。手押し車に水の入ったペットボトルをのせている。保育者がツヨシ君に声をかけた。「お水やさんですか？お水を下さいな。」この日も不機嫌に登所したツヨシ君は友達と遊

ぶきっかけをつかみそこなっていた。ツヨシ君は，保育者の誘いに「はい，わかりました」と嬉しそうな表情でＧ子らに近づいてきた。「これに入れて下さい」とＧ子がお椀を差し出すと，ツヨシ君はその中にペットボトルの水を入れた。勢いあまってこぼれＧ子のＴシャツの袖口にかかって濡れてしまった。"はっ"とした表情のツヨシ君にＧ子が言った。「いいよ，いいよ，これぐらいすぐ乾くから」その言葉に今度は"ほっ"とした表情で「まだいりますか？すぐ持ってきます！」と手押し車を押して水をくみに行った。すぐに，ツヨシ君は戻って来た。「お水やさん，ありがとう」とＯ子。一緒にケーキを作りながらツヨシ君は「水，くんできまーす」と時々出かけて行った。

ここに水を入れてね

4）12月の場面　みんなと一緒にいたいんだ

　遊戯室でゲーム"色鬼"をしていた。ツヨシ君は当ててほしさに色を指定する鬼の前を鬼の動きにあわせて動きまわっていた。しかし，いつも自分ばかりは当ててもらえない。そのうち，にこにこしていた表情は一変。「モウ，バカヤロウ」と言い壁を蹴り続け，そして遊戯室から飛び出して行った。室内で"フルーツバスケット"をしている時も，ツヨシ君は親になりたいために空いている椅子を見つけてもなかなか座らない。続けて親になるツヨシ君を見てＡ男が言った。「ツヨシ（空いている椅子を）見つけてもすわらん」その言葉にツヨシ君の表情がサッと変わり大声で泣き始めた。「だってゆっくり歩いとる」と，ほかの子も言い出した。ツヨシ君の泣き声はははますます大きくなり周囲の椅子を蹴り始めた。保育者が制止すると

「バカヤロウ！ウチニカエル」と部屋を飛び出して行った。どんなゲームをしても自分が親や鬼にならないといって泣き暴れては飛び出すことが続いた。そんなある日，いつものように思うようにならないといって大声を出し部屋を飛び出しかけた。が，この日初めて部屋の外で立ち止まり座り込んだ。背中を向けながらもその場から動かない。保育者は，出て行かないのを確かめながらゲームを続けた。ゲームが終わり，子どもたちはツヨシ君を気にしながらも遊戯室へ園庭へと出て行った。みんないなくなってから保育者がツヨシ君に言った。「ゲーム楽しかったよ。ツヨシ君がしなくてもゲームはできるんだ。でもツヨシ君もいたほうがもっと楽しかったと思う。」ツヨシ君はムスッとした顔でその言葉を聞いていた。

5）2月の場面　ぼく，悪いおじいさん役をしようかな

　発表会が近づいてきた。はっきりと役を決めている子もいればやりたい役が毎日変わる子もいたが，自分たちで"おむすびころりん"をしようと決めた子どもたちは，動きを楽しんだり小道具作りに励んでいた。ところが，何日たっても"悪いおじいさん"のなり手がいない。その役は保育者がしようと思っていた時，ツヨシ君がみんなの前で言った。「ぼく，悪いおじいさんをしようかな」この言葉にＡ男が"良いおじいさん"の口調で「ツヨシ，ありがとう，ありがとう」とおおげさに喜んだ。保育者は「もし，途中で気分が変わりその場から出て行ったらどうしよう」とか「周りから何か言われて暴れたらどうしよう」などと思ったりもしたが，ツヨシ君はとても気分よく練習に参加してきた。"悪いおじいさん"の登場で話しも一層楽しいものとなり，子どもたちは練習が終わるたびに「あー楽しかったね，またしよう」と言い合い毎日何回も繰り返していた。発表会当日，緊張の表情を見せながらもツヨシ君は1人でやりとげ，担任以外の保育者からも「上手だったね。頑張ったね」と言われうれしそうにしていた。相変わらず，ゲームの時は，自分が鬼や親にならないと言って遊びの輪から離れていったり足を踏み鳴らして怒ることはある。しかし，しばらく様子を見ながら保育者が「どう？またしたくなってきた？」と誘うと立ち直っ

て参加してくる姿も見られるようにもなってきた。

6）ツヨシ君との一年間を振り返って

　ツヨシ君は，毎日のように不機嫌な状態で登所してくる。事務室で担任と温かいお茶を飲みながら気持ちを落ち着かせて1日がスタートすることがほとんどであった。しかし，それも長続きするわけではなく気分にむらのある状態で1日を過ごしていた。

　ツヨシ君は，1歳児クラスからの友達のA男やD男と遊びたがっていた。しかし，自分の思いどおりにならないといっては作った物を壊したり暴言を吐いたりと全身で大暴れするため，しだいに避けられるようになっていた。悪気で避けているわけではなく，A男もD男も気持ちよく遊びたいのである。4月の場面のようにツヨシ君を入れることで何かが起きることは予想しているのではないかと思う。ツヨシ君は「暴れるから嫌だ」と言われたことでカッとなったが，友達から受け入れてもらえないことなのだという保育者の言葉で"暴れ"を抑えることができた。腹をたてながらも言葉と行動を一致させることができてきていることがわかる。しかし，その後2人に遊びのルールを守らないと言われ，また状況は一転してしまった。新入のT男には遊びのルールを守らないと攻撃的になるので，ルールが必要なことは理解できていると思うがそれが自分に向けられるとカッとなってしまう。場面を捉えて，繰り返し向き合っていくことが大切だと感じた。

　不安定でいつもトラブルの多いツヨシ君だが，6月の場面でクラス全体の中でJ男に「（ツヨシのことが）好き」と言われうれしさを隠し切れない。そして，トラブル後に保育室にもどりお茶を飲んで自分の気持ちを押さえようとした，自分のことを認めてくれているJ男が側にいることで立ち直ることができたと考えられるが，毎朝のごとく事務所でお茶を飲ませて気持ちを落ちつかせていた保育者の対応とつながるところがあるように思えた。その後の所内研修で，その場で「我慢できたの偉かったね」と気持ちを認めてやればよかったのではないかと，アドバイスを受けた。自分で立ち直った行動に一言言葉を添えることで，自分の行動がより理解できたのではないかと反省さ

せられた。

　男の子の間ではトラブル続きのツヨシ君も，女の子の間では受け入れてもらえることがよくみられた。ツヨシ君もやはり友達の中にいたいのだと改めて思うことがあった。9月の場面のように遊びの中に入るきっかけを保育者が作る大切さを感じた。袖口を濡らしてしまったことをG子が「いいよ，これくらい」とツヨシ君の予想に反して許してくれた。「G子ちゃん怒らなくてうれしかったね」と，言葉にしてツヨシ君に伝えればよかったと思った。相手から許されることで気持ち良く遊びが続けられるといううれしい経験が積み重ねられて行くことが大切だと感じた。

　その後もツヨシ君は毎日のようにトラブルを起こしては大暴れしていた。しかし，大暴れしながらも少しずつ自分の気持ちを立て直せるようになってきた。その経過が12月の場面である。この時期の子どもたちはゲームをとても好み，毎日のようにゲームを楽しんでいた。そのような中でツヨシ君は自分の思うようにならないといっては暴れていた。いす取りゲームをしてもわざと足を止めたり，反対に歩いたりして流れを中断させる。友達から何か言われると必ず気分を害するのに，なぜこうも毎日繰り返すのかと悩む所だった。注目されたい，自分が中心になりたいという思いは理解できる。しかし，ゲームをするたびにこう大暴れが続いたのでは他の子どもたちの思いが満たされない。複数担任なので，1人はツヨシ君のあとを追い（すぐ外へ出て行くので）ゲームは続くのだがやはり心のなかにひっかかるものを感じていた。このようなことが続いていたが，いつものように大暴れした後飛び出して行きかかったが，部屋の出入口で立ち止まり座り込んだ。もしかしたらツヨシ君は保育者がゲームを中断して誘いかけたら，不満げな表情をしながらもまた参加したかもしれない。しかし，保育者はツヨシ君に届くよう意識しながらあえてそのままゲームを続けた。ここで中断したらまた同じことが繰り返されると判断したのである。そして，このことをきっかけにしてツヨシ君に変化が見られるようになってきた。その場から逃げていかなくなったのである。自分のカッとなった思いを抑えようとする気持ちが背中に感じ取れる。しかし，この後すんなり入ってこれないツヨシ君には，遊びに入るタイミングを見極めることが大切だと思う。

これまで自分の生活を優先させる母親の育児態度に問題があるのではないかとか，そのような母親との連携ばかりが気になりツヨシ君の育ちをこれほど観察したことはなかった。ツヨシ君の言動を今まで否定的に見ていたが，これまでのツヨシ君の言動の裏には苦しみながら，また行きつ戻りつしながら成長しているツヨシ君の姿があった。まだまだ手が出たり，暴言を吐いたりするなど乱暴な行動は多いが，あきらかに3歳児クラスのときとは違う4歳児の育ちをしていることを理解しなければならないと思った。さらに育ちを理解することで母親への伝え方も変わってくるのだと実感した。日々の生活や遊びの中のわずかなことをきっかけにして仲間関係が発展し，子ども1人ひとりがクラスの中でなくてはならない存在になっていくのだと思う。

3. 保育室の様子

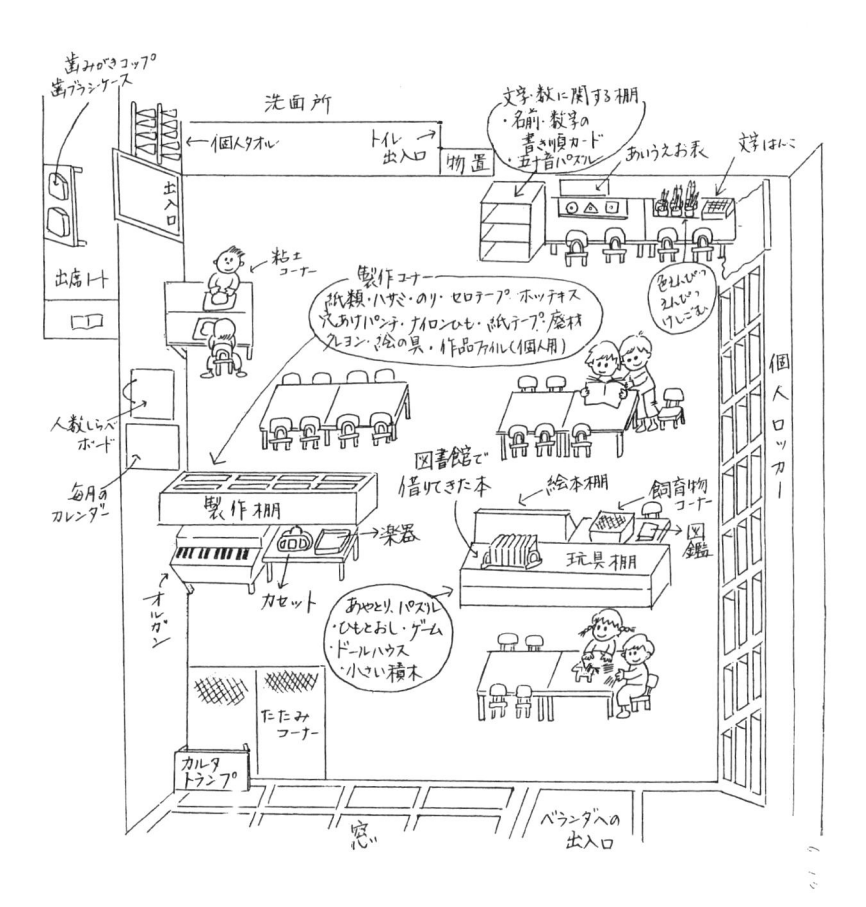

4．デイリープログラム

表6-2　パンダ組（4歳児）のデイリープログラム

時　間	生活の流れ	子どもの活動	保育士の養護・援助事項
7:30	登　所 （早朝保育）	◎友だちや保育者と挨拶をかわす。 ◎持ち物の始末をする。 ・カバン，水筒をかける。 ・タオルをかける。 ・コップを所定の位置に片付ける。 ・シールを貼る。	・視診（顔色，機嫌）を十分に行ったり，保護者から体調についての連絡を受ける。 ・朝の受け入れは明るい雰囲気の中でし，気持ちのよい1日の始まりになるようにする。 ・1人ひとりの子どもの所持品の始末の状態に応じて，言葉かけをしたり，手助けしたりしていく。 ・毎日のシール貼りの活動を通して，月日とシールを貼る位置を対応させ，数に気づかせるようにする。
8:30	遊　び	◎いろいろな遊びをする。 ・好きな遊びをする。	・活動に応じて，衣服の調節をするように知らせる。 ・1人ひとりがやりたい遊びを選んで，集中して遊べるように興味や発達に応じた環境を整えていく。 ・どこで，だれが，どんな遊びをしているか，1人ひとりの子どもの遊びの状態を把握しておく。 ・子ども同士のトラブルは，危険のない限り見守った後，双方が納得いくように保育者が仲立ちとなる。 ・遊びのルールや約束を守らなければ危険であることを話す。
10:00	クラスの集まり	◎人数調べをする。 ・給食室へ知らせる ◎活動について話し合いをしたり決めたりする。 ◎課題のある遊びをする。	・その日の活動を子どもたちに伝え，見通しをもってすごせるようにする。 ・1人ひとりの子どもの興味，関心に応じた配慮をしながら，課題活動に誘う。
11:30	片付け	◎友達と一緒に片付ける。	・子どもが片付けやすいように，子どもの手のとどく所に置き場所をつくる。文字や絵，記号で片付けの場所を示す。遊具は大切に扱うように言葉かけする。 ・片付けが楽しくできるように，子どもに語りかけ，励ましながら保育者も一緒に片付ける。
12:00	排　泄 手洗い 食　事	・排泄をする ・手洗いをする ◎食事の準備をする ・席を決める。 ・うがいのコップを用意する。 ・テーブルを拭く ・配膳をする。	・1人ひとりの子どもの排泄リズムを把握しておく。 ・手の洗い方，石鹸の使い方を知らせる。 ・食事の準備が，自分でできるように，配膳場所を一定にしておく。 ・保育者の手伝いをしながら，食事の準備に関心をもたせ，徐々に身につくようにする。 ・自分の食べられる量を決め，自分で減らすように言葉をかける。（保育者は，1人ひとりの子どもの食事の量，好まない食べ物，好きな食べ物を把握しておく。）

4. デイリープログラム

時　間	生活の流れ	子どもの活動	保　育　士　の　養　護　・　援　助　事　項
		◎食事をする。 ・挨拶をして食べる ・楽しく食べる。 ・食べおわった子どもから、食後の挨拶をする。 ・食器を片付ける。 ・歯磨きをする。	・食べ物が身体の中で、どんな役割をしているか知らせていく。 ・友達や保育者と楽しく語らって食事できるように、静かな音楽を流すなど環境に配慮する。 ・歯磨きの仕方を知らせ、自分からできるように見守る。
13:00	遊　び	◎いろいろな遊びをする。 ・好きな遊びをする。 ・異年齢の友達と遊ぶ	・食後はゆったりと休息できるように、対応していく。 ・午後の遊びは、疲れからトラブルが起きたり、怪我をしやすいので安全には十分注意する。
14:30	片付け	※夏期（7,8月）は午睡。 ◎友達と一緒に片付ける。	※午睡前は、眠りやすい雰囲気づくりをする。（換気、カーテンを閉める、静かな音楽を流すなど） ※布団、タオルケットのたたみ方は、1人ひとりに知らせ、自分でやろうとする気持ちを育てる。 ・友達と関わりがもてる場を工夫し、自分達で好きな遊びに取り組めるよう援助していく。 ・異年齢の子どもに関心をもち、関わりを広げていけるよう働きかけていく。
15:00	おやつ	◎おやつを食べる。 ◎歯磨きをする。 ◎降所準備をする。 ・タオル、コップをかばんの中に入れる。	・好きな友達と楽しくおやつを食べられるように、机の配置を工夫する。 ・帰りの身支度は、自分でしようとする気持ちを見守りひとりでできたという満足感が味わえるようにする。 ・1人ひとりの健康状態を見たり、忘れ物がないかを確かめる。
15:40	クラスの集まり	◎1日の思いを話したり、明日の話を聞く。	・絵本や紙芝居の読み聞かせをしたり、言葉遊び、簡単なゲームを楽しむ。 ・落ち着いた雰囲気をつくり、1日の生活で楽しかったことを話し合ったり、明日の話をして、期待を持たせる。
16:00	降　所	◎お迎えの子どもから順次帰宅する。	・帰って行く子どもに「また、明日」と挨拶をして、笑顔で見送る。 ・保護者には、1人ひとりの子どもの様子をていねいに話しながらコミュニケーションを図るようにする。
16:30	長時間・延長保育	◎長時間・延長保育児はそれぞれの保育室で遊ぶ	・保護者への連絡事項について延長保育担当者とクラス担任間で連携をしっかりとっておく。 ・3歳未満児、3歳以上児それぞれが遊びを、十分楽しむことができるよう、5時15分までは保育室を別にする。 ・残っている子どもが不安なく待つことができるように、家庭的雰囲気の中で保育をすすめる。
19:00	最終児降所		

5. クラスだより

パンダ組だより

2月

西部保育所　長谷尚子

戸外でも室内でも子ども達の毎日は
とても充実しています
だって、することがいっぱいあるん
ですもの……

雪合戦
お願い
でも、
フシギ

まだまだ
ほしいな

絵の具で色水がかかっている

これは落ちているのではないのです。
お尻で滑るのはもう飽きて頭から滑って
いるところ

雪の中のままごとは
かき氷やさんがとってもリアル
寒いけど本物そっくりでおいしそう！

せまいかまくらに入ってごきげん。子どもって
狭いところがだ〜いすき！

ぼうずめくり

ひめ　ぼうず　との

トランプ

長なわと
何度も何
少しずつ

殿が出たら安心安心
姫が出たら大喜び
坊主が出たらガックリ

いろはがるた

「負けた！」と言って泣き崩れても
「大丈夫、もう一回しようね」となぐさめてくれる
やさしいお友達。だから、すぐに立ち直れるの。

ババぬきや神
参加するわた
子どもたちの

5. クラスだより　　95

も大好き。山の上からねらってなげてくる
！固い雪玉は投げないで！
顔にあたっても楽しいと我慢できるから
！

子ども達は歌が大好き！
「大きくなったから長い歌も大丈夫」と自信たっぷり
最近は、"ドレミのうた" "月火水木金土のうた"を
歌っています

雪がたくさん降って
て～

急坂を滑り降りるスピードは
スリル満点！

子ども達自作の鉄砲はゴムの力を利用したもの
的にあてて楽しんでる

輪ゴム
少々固い紙

降りしきる雪の中を行進……
この行進も先頭の真似をしなければならないという
子ども達の考えたルールのある遊び
―八甲田山のように見えるのは私だけかしら―

近頃、熱中のころがしドッチボール
色鬼は今も大好き

びから短なわとびへ……
度に挑戦し続ける。
回数が増えるこの喜び♪

男の子にも女の子にも
大人気の指編み……
マフラーにしたりリボンにしたり
子ども達は楽しみながら脳を刺激
しているんだね
（たくさんの毛糸のご寄付、ありがとうございました）

経衰弱を楽しむ子ども達。誘われて
しの神経は最初から衰弱している。
方がだんぜん強い！

参考文献

加藤繁美　1997　子どもの自分づくりと保育の構造　ひとなる書房

森上史朗・今井和子（編著）1992　集団ってなんだろう：人とのかかわりを育む保育実践　ミネルヴァ書房

日本の保育を考える京都の会（編著）　1987　心の養護：保育所における養護の内容と計画の実際　日本保育協会

高浜介二・秋葉英則・横田昌子（監修）　1984　年齢別保育講座　4歳児の保育　あゆみ出版

❖ 第7章 ❖
5歳児の姿と保育者の思い

1. 保育者の思い

[1] ライオン組への期待

　5歳児になると，保育所行事活動の中心となる。また，地域との連携行事に参加する機会が増える。日常の生活においても飼育や栽培活動など年長児としての役割も多くなる。参加する活動については，7ページの「[2] 年間の活動の流れ」に具体的に書かれている。それら1つひとつについて，子どもたちと話し合いを進めていくようにしていきたい。さまざまな問題が起こったり，トラブルが発生したりもするが，そのような時を"チャンス"と捉え，クラス全体へ投げかけ，みんなで考えていくようにしたい。大人である保育者からの働きかけではなく，仲間同士の関わりを通して子ども1人ひとりが，自らの行動を振り返り，自己コントロールしようとする気持ちが生まれることを願い，保育していきたいと思う。そして，つまずいた時には保育者が力添えをし，仲間の中で良いところを認め合い，その子らしさを広げていけるようにしていきたいと考える。

[2] 担任になって

　5歳児クラス，ライオン組30名の子どもたちは，進級への期待と喜びから張り切っている姿が見られる反面，中にはプレッシャーに思い，不安を感じている子どももいる。このような個人差に十分配慮していきたいと思った。クラスみんなで話し合ったり，気持ちを伝えあったりする「クラスの集まり」「集団遊び」など子どもたちが気持ちを共有できる活動を意図的に取り入れる。また，保育者が子

ども1人ひとりの発見や経験や疑問等を全体に投げかけることにより，子どもたちが"みんなの事"として捉え，考えていけるように意識して関わっていこうと思った。

2．子どもの姿

　全員は無理だったが，毎日必ず数人の子どもの記録をとった。それをもとに，クラス全体や子ども個人の経過を追うことにした。月別個人記録の例を表7－1（p.106）に示す。

[1] クラスの子どもたち
　1）4月～6月　みんなでつくっていくライオン組の生活
　5歳児になって保育所の中で一番大きいクラスとなり，期待に胸を膨らませる子どもたち。昨年，5歳児を憧れの姿として見ていた子どもたちは，5歳児クラスにしかない中2階やベランダ（p.113および下の写真参照）に登ったり出たりを喜び，目新しい部屋の遊具に夢中になる。しかし，慣れてくると身を乗り出したり，高い所から飛び降りたりと危険な場面も見られるようになる。戸外では，保育所に2台しかない自転車を男児がひとり占めをし，それをめぐってトラブルが続出するなどの姿が見られる。そこで，クラス全体へ投げかけ"中2階・ベランダで遊ぶ時のきまり""自転車の乗り方"について話し合い，自分たちの生活に必要なきまりをみんなで確認し，時にはきまりを作ったりもした。

　また，当保育所では5歳児の経験として，飼育や畑づくりを大切にしてきている。4月当初は，全員が張り切ってしていた小動物の世話も6月に入り慣れてくると，しだいに世話をしな

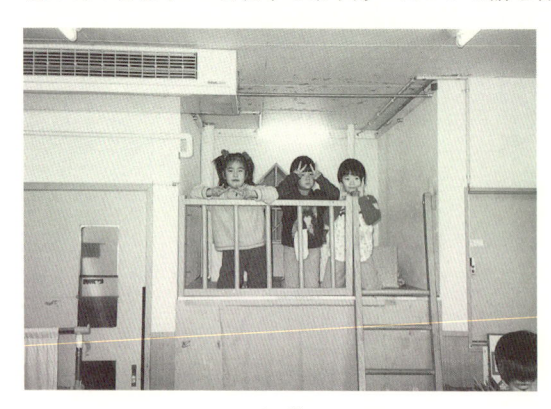

中2階

いで遊んでいる姿も見られるようになる。そこで，クラス全体での話し合いの場をもった。苦手な小動物もいる，やりたくない時や面倒に思う日もあるなど，1人ひとりの子どもが飼育について思っている気持ちを素直にだし合ってみた。最初から当番を決めるのではなく，1人ひとりが参加できる方法や手順について子ども自らが考え，試行錯誤しながら解決していけるよう配慮していった。

2）7月　お泊まり保育で，何したい？

7月に入り，保育所での"お泊まり保育"に向けての話し合いを始めた。1つの行事としてではなく"日常生活の延長線上の活動"と捉え，子どもたちと計画を立てていく過程を大切にした。泊まることを不安に思っている子どももいたため1人ひとりが夜，家でどのように過ごしているかを話し合い，いつもは家でしていることを，当日はクラスのみんなと保育所でするのだということを確認していこうと考えた。そのことにより，"お泊まり保育"への不安がやわらぎ，当日のプランについて話し合えるようになった。夕食のメニューや活動内容を具体的に話し合う中，自分の思いと友達の思いの違いの中で，さまざまな葛藤が見られた。夕食メニューの話し合いでは25種類ものメニューの希望がでてきた。「給食の先生も作るのが大変」と自分たち以外の人のことも考えている姿も見られ，この中からいくつかに絞り込むことになった。どんなに自分が好きなメニューでも「嫌い」「食べられない」という友達がいることを知った子や「どうしても廻る寿司が食べたい」「流しそうめんがしたい」といくら多数決で決めることになったとはいえ納得できない子もいた。また，夕食後の活動についての話し合いでは，「動物園・温泉・町探検に行きたい」など10種類の意見がでた。当日の限られた時間内での活動を考え「場所が遠い」「車に30人は乗り切れない」「バスはお金や時間がかかる」「夜

集まり

は営業していない」「楽しみにしているお化け屋敷と花火の時間がなくなってしまう」などと心配する意見もでてきた。

　このように時間をかけてお互いの思いを伝え合うことを大切にしていく中で「これなら食べれる」「ここなら行ってくることができる」と納得したり，譲ったりして我慢する姿や，また，考えた末の選択肢をだして友達を説得するといった姿も見られるようになった。グループ活動では，必要なものを各グループで分担し買い物に出かけたり，当日の生活がスムーズに流れるよう，食事の席やお風呂の順番等を相談して決めたりした。当日は，同じグループとして，同じクラスの一員としてお互いの仲間意識をより深めることができた。

　このように，"お泊まり保育"という共通の活動に向かってそれぞれが思いを出し合い，考え，話し合っていくことで，友達の気持ちも理解し自分の思いと照らし合わせて，考えられるようになってくる。保育者がまず，子ども1人ひとりの思いを大切にしていくことが「子どもたちが友達を思いやる気持ち」にもつながっていくように思う。

3）8月〜3月　子どもと共にすすめてきた飼育活動
①8月　うさぎのクロが死んじゃった

　8月の暑さのために，弱っていたうさぎのクロちゃんが死んでしまった。お盆休みに入る直前の出来事で，子どもたちがクロちゃんの死を目にすることができず，葬ることとなってしまった。休み明けにクロちゃんの死を告げ"なぜ死んだのか？""これからのお世話について"話し合ってみることにした。死んだ理由としては，子どもたちの中には「毎日お世話していたのにどうして？」という疑問があった。「臭いところにいたから」「腐っているエサを食べたから」「バイキンが入ったから」など考

クロちゃんの死

えられる理由をあげた。中には「最近元気がなかった」「下痢をしていた」などクロちゃんの異変に気づいていた子どももいた。1人ひとりの受け止め方は違うが、毎日世話をし一番身近に感じていた5歳児クラスの子どもたちだからこそ、クロちゃんの死は特別の意味があったようだ。残されたシロちゃんに対しても「頑張って世話をする」とか「ピカピカに掃除してあげる」とか言う子もいた。その後、うさぎの世話をする人数は増え、今まであまり関わらなかった子どもたちも参加するようになっていった。7、8月の暑さとだるさからさぼりがちとなっていたので、クロちゃんの死をきっかけにもう一度飼育について話し合い、方法や手順などについて考えてみることにした。毎日きちんと、さぼらずに世話をしている子どもたちの中からも、「いいなぁ、お世話しないで遊べて」「ずるい」という意見が聞かれるようになる。話し合いの結果、8月より世話をする時間帯を昼から朝にし、今まで全員参加していたのを半数ずつ2グループに分かれ1日交代ですることになった。『世話をしなくてはならない』と思っている子どもたちだが『たくさん遊びたい！』という素直な気持ちも受け止め、この方法でやってみることにした。このようにクラス全員で飼育の方法や手順を話し合うことで、共通理解ができたと思う。また、「自分たちで決めたこと」だからこそ意欲的に取り組むことができると考えた。

②12月～1月　お正月休みだれが動物のお世話するの？

いよいよ待ちに待ったお正月休み。保育所も1週間お休みとなる。しかし、この1週間動物たちのお世話は誰がするのだろうか。子どもたちと話し合ってみた。

「絶対に来れない」「先生たち代わりにやっといて」と言う子もいれば、「どこか出かけるかもしれない」「泊まりに行くからダメ！」と言う子がいる。本当はお世話しなければという気持ちの中で揺れている子も見られた。また、中には「1日だったら来れるかも」「来れたらエサ持ってくる」「お母さんに聞いてみる」など、いつ、どうやって来ようかと考えてくれる子もいた。保護者には手紙で知らせ、強制ではなく子どもたちの気持ちに添っていただくようお願いをした。そしてお世話に来たらうさぎ小屋前のボードに名前を書いておくことを約束した。

年明け、登所人数は少なく全員でお世話をすることになった。ボードには予想以上にたくさんの子どもたちの名前が書かれてあった。中には、休みの間に3回も来てくれた子がいた。クラスではおとなしく目立たないが、このような場で本

児のもっている優しさや，動物を思いやる気持ちがうかがえ，十分に認めたいと思った。子どもにもいろいろな事情があると思うので来た人が良くて，来なかったから悪いわけではない。ただ，毎日お世話をしている仲間として，掃除やエサやりに来てくれた子に対して子どもたちが素直に「ありがとう」が言えればいいと思った。30人全員が揃った集まりでこの話題を取り上げた。休みの間お世話に来てくれたお友達の紹介をしお礼と感謝の気持ちをみんなで伝えた。

　③2月～3月　寒いけど，お世話しなければ……どうしたらいいのかな？
　冬の飼育活動についてみんなで話し合う場をもった。これまでの経験から，5つの仲良しグループでやってみては？という意見がでた。今までの方法では，2つのグループで交代するため，1つのグループの人数は15人程であり，大勢で取りかかることができるが，2日に一度お世話がまわってくることになる。5つのグループで交代すると1つのグループ人数は5～7人程の少人数ではあるが，5日に一度，要するに一週間に一度お世話がまわってくることになる。それを踏まえ，みんなで話し合った結果，子どもたちは5つのグループでお世話をする方法を選択し，少人数でもグループのメンバーで協力し頑張ることを全員で確認した。
　新方法でお世話がスタートしてみると，小人数の方がスムーズに流れ，思っていたよりも時間がかからないことがわかった。保育者にとっては今までよりも子どもたち1人ひとりのお世話の様子がよく見えるようになった。かめが冬眠に入ったことでお世話の仕事内容が減ったこともあるが，たくさんの手はあるが1人ひとりがお世話に関わる機会が少なかったのではないかと感じた。1年近くもお世話しているのにもかかわらず，子どもたちの中から「どうやるかわからん」「やったことない」「このお世話するの初めて」という声も聞かれ驚かされた。「みんなでお世話すれば早く終わる」という子どもたちの意見や考えを大切に進めてきたが，少人数でも責任をもって世話をすれば早く終わるという今回の経験は子どもたち自身はもちろん，保育者にとっても考えさせられる良い機会となった。飼育方法がわからない子には保育者が，方法や手順を初めから伝えるよう心がけた。しかし，保育者よりも子どもたち同士で伝え合う姿や教え合う姿，協力し，みんなでやろうとする姿が多く見られ，1人ひとりはもちろん子どもたち同士の関わりを大切にした。教えてもらう子も「そうだったね。思い出した」「自分でやってみる」と素直に聞き入れる前向きな姿が見られ，1人ひとりの心の成

長を改めて感じることができた。

3月中旬からは，年中クラスの子どもたちへの"お世話の引き継ぎ"が始まり，毎朝年長の子どもたちが誘い，共にお世話を始めた。「遊んだらだめよ」「ちゃんとお世話しられ」と言う姿も見られれば，ゴミを捨て

ウサギの世話

る場所まで連れて行ってあげたり，一緒に給食室までエサを取りに行ったり，お世話後の消毒の仕方など教えてあげる姿も見られた。これまでの，年長としてのさまざまな経験と飼育活動とは切り離せないものであり，1人ひとりの育ちが，毎日のお世話にも表れてきていると強く感じた。

4) 10月～3月　みんなでできた，がんばった経験
① 10月　みんなで力をあわせた運動会

行事の一環として9月に高齢者を招待したり，健康福祉施設の"ウィンディ"を訪問したりして遊戯や歌を披露したところ，クラス全体にまとまりができてきた。そして，運動会のチーム分けの話し合い，競技やリズム体操の練習に誘うと，全員が集まってくるようになってきた。楽しみながら繰り返し運動会の練習をするうちにみんなで合わせることやチームで競う楽しさがわかり，工夫したり作戦を立てたりしながら，勝ち負けにもこだわるようになってきた。また，勝つためにはみんなで力を合わせる

リレー遊び

という姿も見られるようになった。練習であっても，ふざけながら参加している人がいると，負けてしまったり何度も繰り返し練習しなければならなかったりもした。このような場面や機会を逃さず捉えて話し合うことを繰り返していくことで，運動会当日は，30人1人ひとりが楽しみ，自信をもって参加することができた。

②11月～12月　小さな劇団

11月，幼稚園から中学校の子どもたちが参加する連合音楽会が町で行われクラス全員で見学に出かけた。このことがきっかけとなり，興味がある子どもたちで楽器遊びが始まった。自分だけが先走るのではなく，音を合わせる難しさや音を鳴らす順番，並び方までみんなで考えながら進めていこうとする姿が見られた。時にはそれぞれの思いがぶつかり，思いどおりにならずトラブルが生じることも多くあった。しかし，これまでの経験から，人に見られることがうれしくて楽しみにしている子どもたちなので，11月の誕生会で披露してみることを提案してみた。「どうしたらうまく演奏できるのか」「間違えないで演奏するにはどのような順番で並べばいいのか」など，それぞれが考え相談し目的に向かって頑張っていた。

11月の誕生会には「キラキラ星」を，12月には「ジングルベル」を披露し，お客さんからたくさんの拍手をもらい満足していた。このことで，自信をつけた子どもたちは，お店やさんごっこや"白雪姫劇場"と称した劇ごっこなどを積極的に進め，保育者やクラスの友達，小さい子を"お客さん"として誘い，繰り返し楽しむようになってきた。

このように，全員で取り組む活動や行事が多くなってきたが，中には興味のない子や苦手な子もいる。そのような子どもたちには"仲間と共にやってみよう"という気持ちになるように働きかけ，力添えをしていくようにした。また，興味のある子が「○○したい」「やってみたい」と積極的に遊びを展開させていくことを，きっかけとし，その輪がクラス全体へと広がっていくこともある。子どもたちが何に興味をもち，何をしたがっているのか，耳を傾けていくように心がけた。

③1月～2月　みんなで作っていく生活発表会

2月の生活発表会に向けて，1カ月程前から子どもたちとの話し合いをすすめてきた。1人ひとりが発表会で"何をやりたいのか，何ができるのか""お家の方に何をみてもらいたいのか，何を見せたいのか"の話し合いから始めた。

2. 子どもの姿

　30人全員の意見を引き出すのはなかなか難しいことだった。しかし，それぞれができること，やってみたいことを各自で考えてほしいと思い話し合ってみようと考えた。跳び箱，あやとり，空手，楽器，手品，なわとび，側転とさまざまな意見がでてくる中，自分の思いを言えない子や言おうとしない子がいた。そこで友達が考えている間，みんなで待ってあげたり，個別に話しをしながら1人ひとりの意見を聞いてみた。

　さて，取り組む内容がまとまとり，発表会に向けて練習が始まった。各自がそれぞれに選択しチャレンジするものが8種類，30人全員で取り組む活動としては人形劇が決まった。中でも，跳び箱や側転は選択した子どもたちだけでなく，みんなでチャレンジしてみる機会をつくってみた。子どもたちの中には嫌がる子や，初めからどうせできないと決めつける子もいた。また，みんなに見られていることが恥ずかしく，プレッシャーに感じ泣きだす子もいた。周りのみんなで応援し「できなくてもいい」「失敗したっていい」「初めはみんなできなくてあたりまえ」と繰り返し，励まし合うようにした。その結果，全員が頑張り挑戦してみることができた。このことがあってから，普段の遊びの中でも"より高く""より多く"と挑戦する子が多くなったが，何にもましてできなかった子がみるみるできるようになっていった。「跳べなかったのに跳べた」「もう一段高く跳べた」という事実を目の当たりにした子どもたちは，さらに自信をつけ頑張るようになっていった。それだけではなくできる子ができない子に教えてあげたり，子ども同士で励まし合う姿も見られ，あきらめず何度も挑戦するようになっていった。

　3月に入ると保育所でもお別れ遠足にお別れ会，修了記念作品作りや修了式の練習などがはいってきて，子どもたちの気持ちは小学校へと向き，期待も膨らむ。集まりの時には，シール帳やカレンダーなどを見ながら1年を振り返ったり，クラスの友達の良いところをお互いに伝え合う場をつくった。日々の保育の中で，個と集団（クラス全員）の両面を大切にしていかなければならない難しさを感じながらの一年間だったが，子ども1人ひとりの伸びようとする力と子ども同士の心のつながりの，素晴らしさを心から実感した。

[2] **友達とトラブルになることが多いアキラ君をめぐって（個別事例）**

　アキラ君は，10月生まれ。両親と弟との4人の核家族。体も大きく力もあり，

表7-1　アキラ君の月別記録の例

名前　アキラ君	子どもの姿
4月 (5歳6ヵ月)	心の荒れが見られ，友達とのトラブルも多い。日々の行動や言葉も乱暴で注意することも多くなる。友達に対しても強い口調で指図したり，自分優先で，他児の思いを受け入れないところがあるので，本児を避けようとする子も出てくるようになる。場面を捉え，仲間に避けられる言動に本児自身が気付くようにしていきながら，よい面を認めていきたい。
9月 (5歳11ヵ月)	自分優先で友達の思いを受け入れないところはまだ見られるが，保育者だけではなく友達の意見にも，耳を傾けるようになってきた。本児なりに周りを意識しながら自分の言動を抑えられるようになってきている。運動会に向けて，本児が得意とする運動的な遊びに取り組む中で，力を発揮できる場をつくり，仲間の中で認められるようにしていきたい。
12月 (6歳2ヵ月)	運動会後にはリレー遊びに夢中になり，持っている力を十分に発揮する。小さい子が自分の相手だと，ハンディをつけて走るなど優しさも見られる。自分優先で物事を進めてしまいがちな本児だが友達のアイディアや意見を聞いたり，受け入れたりもするようになってきている。<u>トラブルが起きた時は保育者対本児の話し合いではなく，周りの子どもたちも巻き込んで一緒に考えていくようにしたい。</u>
3月 (6歳5ヵ月)	本児の言動に振り回されることが多く，まだまだトラブルも多い。保育者が間に入ると「だって～だから」と必ず理由をつけ，認めようとしない時もあるので，本児がいけないことをした時には，保育者も譲らず伝え続けていく。3月に入り心境に変化が見られ「どうせ僕のこと好きな人はいない」とか「プレゼントなんかもらえない」と悲観的に考える姿も見られるようになる。この姿は自分が周りからどう見られているのかを意識するようになった表れである。また，「ぼくのことを見てほしい」「愛してほしい」というサインでもある。残り少ない保育所生活だが，家庭と連携を取り合い本児を受け入れていきたい。

　クラスの中でも存在感のある子。しかし，友達に対して言葉が乱暴だったり，自分の思いで強く引っ張ったりするため，クラスの中でもトラブルが絶えない。進級の喜びから目新しい年長の保育室（中2階やベランダがありみんなのお気に入りp.113参照）や玩具で遊ぶ子どもたち。みんなが「使いたい」「遊びたい」と思っているが，「先にぼくが使っていたからダメ」と言うアキラ君。使ってはいなかったのだが，「さっきからぼくが使っていた」を繰り返す。また，その友達に対して自分の気持を乱暴な言葉や行動で伝えるため，保育者のところへ訴えてくる子どもも多く見られるようになってきた。

1）5月の場面 あれも，これも全部ぼくが先に使っていたものだからダメ！

　片付けの時間になり，みんなが外に出してある玩具を片付けている頃，R君が園庭の真ん中で泣いてしまった。保育者が「どうしたの？」と理由を聞くと，乗っていた自転車をアキラ君が取って行ったと訴える。アキラ君にも話しを聞いてみると，「最初はぼくが使っていた」を繰り返す。R君が言うには，アキラ君は自転車には乗っておらず，ウルトラマンごっこをしていたとのこと。その間，放置されていた自転車に，R君は誰も使っていないと思い乗ったという。このような場面は自転車に限らずよく見られる。それは，中2階の"遊び場"であったり，レゴブロックやトランプなどのおもちゃであったり，"友達"の時もある。「ここはぼくが，さっきから使っていた場所だから入ったらダメ！」「このおもちゃ，先にぼく使っていたからダメ！」「○○ちゃんと一緒に遊ぶって先に約束したからダメ！」確かに，アキラ君の言い分も分かるが，その姿があちこちで見られるようになり，周りから見ると，あっちもこっちも"アキラ君が使っているから遊べない状態"となってしまう。保育者が間に入り，他の子も使いたい，貸して欲しい気持ちを伝えていくが「だって，ぼくが先に使っていた」を繰り返すアキラ君。他の子からも不満の声があがるようになった。

2）6月の場面 「一緒に遊びたくない」と言われたアキラ君

　転がしドッジボールに子どもたちが集まってくると「ぼくもやりたい」とアキラ君がやってきた。U君は「アキラ君とやりたくない，アキラ君○○ごっこしているじゃないか」と言った。すると，アキラ君は

ドッジボール

「1回だけしようぜ」と言うので，U君もしぶしぶドッジボールを始めた。しかし，アキラ君は遊びが盛り上がるにつれ「もう1回やろう」と言ったり，「今度は投げドッジボールしよう」と言ったりし，なかなかドッジボールを止めない。とうとうU君はその場にしゃがみ込んでしまった。「アキラ君1回だけって言ったのにウソついた」一方アキラ君とごっこ遊びをしていたK君は，アキラ君に「ちょっと待っていてくれ！」と言われ，その間砂場でずっと待っていたのだった。ドッジボールもそのまま中断となり，参加していた子どもたちも他の遊びへと移り，残ったのはアキラ君とU君だけだった。

3）10月の場面　ルールを守らないと，楽しくないよ

　白チーム対赤チームでのリレー。リードは，赤チーム。白チームは大差で遅れをとっている。赤チームのN君が必死にトラックを走っている最中に，すでに走り終え応援していた白チームのアキラ君が，つい力が入りN君の行く手に立ちふさがり走るじゃまをしてしまった。N君は怒り大声で泣きだし，勝つと思っていた同じ赤チームからも「アキラ君じゃましたー」との罵声が上がり，その時点でリレーは中断になった。白チームの子どもたちも不満たっぷり。アキラ君はこの状況の中，自分のやってしまった行動に気づいた様子だった。

　『ルールを守らなければリレーは面白くない』ということがみんなには分かっているだけに，重たい雰囲気が流れた。簡単に許されることではない。この日は，アキラ君自身も悔しくて，つい行動にでてしまっただけに後悔している様子がうかがえた。誰よりもリレーがしたいことも分かっていたが，あえてアキラ君にはリレーから抜けてもらうことにした。このことはアキラ君にもN君にも他の子どもたちにも『みんなでリレーを楽しむにはどうしたらよいのか？』とそれぞれに考えてみる良い機会となった。その日は離れたところからみんなのリレーを見ていたアキラ君だった。次の日，朝の集まりでは，「今日もリレーしよう」という話になり，昨日の出来事についても，クラス全体で話し合ってみることにし

た。アキラ君，N君など当事者以上に周りの子どもたちはよく見ており考えているのだと思った。この話し合い以降も，リレーは毎日続いた。このことがあってからアキラ君が，リレーの妨げになるような行為をとることはなくなった。

4）3月の場面　お別れのプレゼントに涙

　3月も末となり，もう少しで修了を迎える年長児。そんな子どもたち1人ひとりへ年中児の子どもたちが，お別れのプレゼント作りを始めた。年長の子どもたちもその雰囲気を察し，時々年中児のクラスをのぞきこんでは，毎日自分のプレゼントが仕上がっていく様子を楽しみに見ている子もいる。アキラ君も年中児クラスへのぞきに行ったが，

年中児からお別れのプレゼント

自分へのプレゼントのことを聞いたり，口にだしたりもせず，プレゼントを作っている様子を眺め，帰っていく日が何日か続き，そのうちに年中児の部屋へ行かなくなった。集まりの時にプレゼントの話題を取り上げるとアキラ君の口から「どうせぼくのこと好きな人いない」「プレゼントなんかもらえない」と言う声が聞かれた。年中児の中には，年長児の名前と顔が一致せず，まだプレゼントを作っていない子も見られたため，年中組の担任が誘い連れだって年長組の部屋までやってきた。ちょうど年長児は朝の集まりの最中で，円になり椅子に座っていた。最後まで誰にプレゼントを渡すのか決められずにいた年中児のM君。順番に「プレゼントあげたいのはこの人かな？」と聞いていった。アキラ君のところまできて「この人かな？」と聞くとうなずくM君。年中の担任が「この

人はねアキラ君って言うんだよ。アキラ君に作ってあげたかったんだ！そうだよね，アキラ君ってかっこいいもんね」みんなの前で指名されたアキラ君も恥ずかしそうに照れている様子だった。年中児が帰った後，集まりの続きが始まった。するとアキラ君がポツリと「何かわからんけど，ぼく……涙でてきた」と言い，手で一生懸命涙をぬぐっていた。もちろん周りの子どもたちもその姿を見て「アキラ君，よかったね」「M君，アキラ君のこと好きなんだね」と話した。さっそく年中クラスの担任にも知らせアキラ君の心の成長に感激し共に涙した。修了式の前日，遊戯室で年中児からプレゼントをもらった子どもたち。1人でどっさりもらった子どももいる中で，うれしそうに自分の番がくるのを待ち，1つのプレゼントを握りしめ満足そうに微笑むアキラ君の姿が見られた。

5）アキラ君との一年間を振り返って

1歳児期より入所し，5年間保育所で集団生活を送ってきたアキラ君だが，事例からも読み取れるように，年長児になってからも自分本意で思いを全面にだし他人の気持ちや意見を聞き入れようとしなかった。また，クラス内ではアキラ君と5年間一緒に過ごしてきた子どもたちもいる。その中には，アキラ君の乱暴な言葉や態度におびえたり，アキラ君の言いなりになったりという姿も見られた。5月，6月の場面のように年長組になり子どもたち1人ひとりが，力や自信をつけてくるようになると，アキラ君に対しても「おかしい」「間違っている」「ぼくは，ぼくだ」と自分の気持ちをぶつけられるようになってきた。しかし，トラブルの当事者だけでなく，保育者をはじめ周りの子も見ている場面においても，アキラ君は自分の思いを通そうとする状況が続いた。

筆者はこのことを所内研修で事例提案をし，他の保育者の思いを聞いたり共に考え合ったりする中から次の4点のことに心がけてアキラ君に関わるようにした。

①担任がアキラ君を自分本意な子という固定観念をもって見ないようにする。
②アキラ君の力を発揮できるような場面をつくり，クラス全体の中で良いと

ころを認めていく。
③トラブルの1つひとつをクラス全員で話し合い，自分たちの生活や遊びでの決まりやルールを確認し，時にはそれらを自分たちでつくっていく。
④周りの子どもたちが自分の思いを伝えられるまで成長してきているので，アキラ君への心のケアをしていく。

　お泊まり保育や運動会など年長組としての大きな行事，飼育活動など毎日の生活や遊びの中での出来事1つひとつについて，クラスでの話し合いを大切にしてきたことで，少しずつクラスとしてのまとまりがみえてきた。アキラ君にも「きまりを守ろう」とする姿が見られるようになっていった。アキラ君自身も友達の失敗を見たり，頑張っている姿に気付いたり，優しさにふれたりするうちに友達の気持ちを知り，自分の行動を振り返るようになっていったのだと思う。

　友達からの意見は保育者が注意するよりはるかに，アキラ君の心に響き，逆にほめられた時のうれしさは保育者の時より倍増したのだろう。アキラ君自身も，周りの友達から言われると素直に聞き入られるようになってきたと思う。そうして自分が「周りから，どう見られているのか」とクラスの中の一員として考えるようになってきたのだと思う。そして，3月のお別れプレゼントの場面では今までになく悲観的に考えるアキラ君の姿が見られ，その姿には自分本意だったアキラ君が仲間を通して自分を見つめられるまでに成長したことが感じられた。また，担任だけではなく，他の保育者をはじめ保育所全体でアキラ君を見守り支えてきたことを，実感した場面でもあった。

　3月，修了式が近づいてくるとクラス全体で1年間の出来事を振り返った。集まりでは毎日数人ずつ「○○ちゃんのいいとこ見つけ」をした。30名1人ひとりが乗り越え，頑張ってきた姿をクラスのみんなが知っている。アキラ君も友達の良いところをたくさん話してくれた。友達や保育者にほめられ，認めてもらい，たくさんの自信と期待を胸に修了を迎えた子どもたち。アキラ君の存在が集団を育て，集団の中でアキラ君も大きく成長したと思う。個と集団の両面を育てていく大切さを子どもたちに教えられ，また，実感させられた1年間だった。

112   第7章　5歳児の姿と保育者の思い

3. 保育室の様子

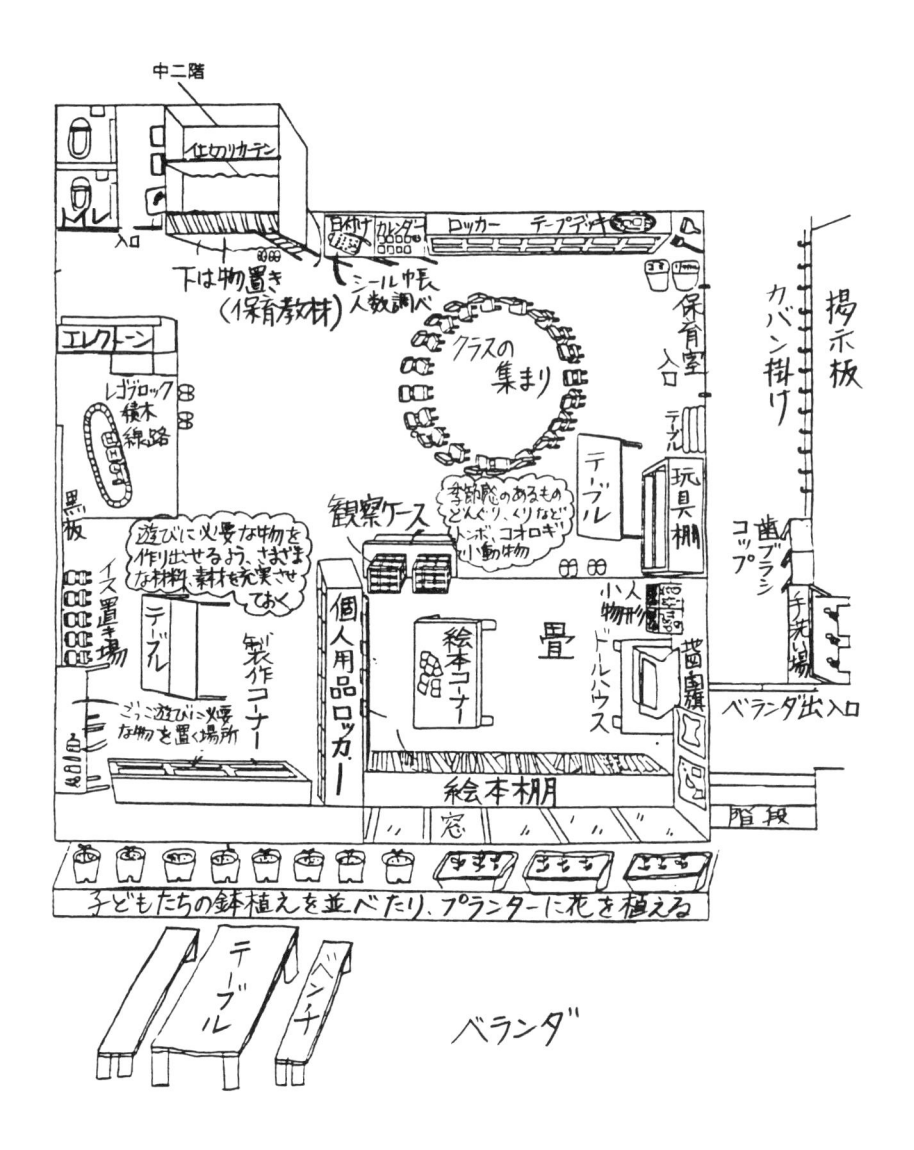

4. デイリープログラム

表7－2　ライオン組（5歳児）のデイリープログラム

時　間	生活の流れ	子どもの活動	保育士の養護・援助事項
7:30	登　所 （早朝保育）	◎友だちや保育者と挨拶をかわす。 ◎持ち物の始末をする ・カバン，水筒をかける。 ・コップ，歯ブラシを所定の位置に片付ける。 ・月，日，曜日をみてシールを貼る	・視診（顔色，機嫌）を十分に行ったり，保護者から体調についての連絡を受ける。 ・朝の受け入れは明るい雰囲気の中でし，気持ちのよい一日の始まりになるようにする。 ・1人ひとりの子どもの所持品の始末の状態に応じて，言葉かけをしたり，手助けしたりしていく。 ・毎日のシール貼りの活動を通し，生活の見通しがもてるようにする（昨日，今日，明日がわかるようにする）。
8:30	遊　び	◎いろいろな遊びをする。 ・好きな遊びをする。	・1人ひとりがやりたい遊びを選んで，集中して遊べるように興味や発達に応じた環境を整えていく。 ・どこで，だれがどんな遊びをしているか，1人ひとりの子どもの遊びの状態を把握しておく。 ・遊びのルールや約束を守らなければ危険であることを話す。 ・子ども同士のトラブルは，危険のない限り見守った後，双方が納得いくように保育者が仲立ちとなる。
9:30	飼　育	◎動植物の世話をする ・野菜の草むしり，水やりをする ・ウサギ，カメ，インコの掃除，えさやりをする。 ・手洗い，消毒をする	・子どもたちの負担にならないように配慮する（世話を義務化しないようにする）。 ・日々の成長や変化を通し，子どもの驚きや発見を大切にする。 ・小動物にさわったり，世話をした後は，手洗い，消毒に誘う。
10:00	クラスの集まり	◎月日，人数の確認をする。 ・当番が給食室へ人数を伝えにいく ◎課題のある遊びをする。 ・動物とふれ合う	・その日の活動を子どもたちに伝え，見通しをもって過ごせるようにする。 ・日常生活の中で，子ども自身の具体的な活動を通して数，量，形，位置，時間などに気付くように配慮する。 ・活動については，話し合いをしたり，決めたりする中で保育者が子ども同士の会話や，やりとりに耳を傾け仲立ちとなり，言葉を引き出したり聞いたりする。 ・1人ひとりの子どもの興味，関心に応じた配慮をしながら課題活動に誘う。 ・晴れた日には動物（鳥，うさぎ，かめ）を外に出し，異年齢の子どもたちも見たり，触れたりできるようにする。
11:30	片付け 排　泄	◎友達と一緒に片付けをする。	・子どもが片付けしやすいように，子どもの手の届くところに置き場所をつくる。文字や絵，記号で片付けの場所を示す。遊具は大切に扱うように，言葉をかける。 ・片付けが楽しくできるように子どもに語りかけ，励ましながら保育者も一緒に片付ける。
12:00	食　事	◎排泄をする。 ◎手洗いをする。 ・消毒をする。 ◎食事を準備する ・テーブルを拭く	・1人ひとりの子どもの排泄のリズムを把握しておく。 ・手の洗い方，石鹸の使い方を知らせる。 ・保育者と一緒に，食卓の整え（机を拭く，盛りつけしやすいように食器や食べ物を並べる）をする。

4. デイリープログラム

時　間	生活の流れ	子どもの活動	保育士の養護・援助事項
		・席を決める ・自分の食べられる量を考えて、自分で盛りつける。 ◎食事をする。	・自分の食べられる量が、盛りつけられるように言葉をかけていく。（保育者1人ひとりの子どもの食事の量、好まない食べ物、好きな食べ物を把握しておく。） ・友達や保育者と楽しく食事できるように、静かな音楽を流したり、語らったり環境に配慮する。
		◎歯磨きをする。	・食後の歯磨きが、自分からできるように見守る。
13：00	遊　び	◎いろいろな遊びをする。 ・好きな遊びをする ・異年齢の友達と遊ぶ ・遊戯室や戸外で遊ぶ	・午後の遊びは疲れから、トラブルが起きたり、怪我をしやすいので安全には十分注意する。 ・友達と関わりがもてる場を工夫し、自分たちで好きな遊びに取り組めるよう援助していく。 ・異年齢の子どもとの関わりが深まり、愛情をもって接することができるよう、働きかけていく。
		※夏期（7，8月）は午睡	※午睡前は、眠りやすい雰囲気づくりをする。（カーテンを閉める、換気に気をつける、静かな音楽を流すなど）
14：30	片付ける	◎友達と一緒に片付ける。	※布団、タオルケットのたたみ方、ふろしきのしばり方について1人ひとりの子どもの状態を把握し、やり方を知らせたり、手助けしたりする。
15：00	おやつ	◎おやつを食べる。	・好きな友達と楽しくおやつが食べられるように、机の配置を工夫する。 ・晴れた日にはベランダや園庭にて気分を変えて楽しく食べられるようにする。（自分で好きな場所にレジャーシートをひく）
		◎歯磨きをする。 ◎降所準備をする。 ・コップ、歯ブラシをかばんの中に入れる。	・帰りの身支度は自分でしようとする気持ちを大切にし、自分でできたという満足感を味わえるようにする。 ・1人ひとりの健康状態を見たり、忘れ物がないかを確かめる。
15：40	クラスの集まり	◎友達と一緒にゲームをしたり絵本や紙芝居を見る ◎1日の思いを話したり、明日の話をする。	・絵本や紙芝居の読み聞かせをしたり、簡単なゲームを楽しむ。 ・落ち着いた雰囲気をつくり、1日の生活で楽しかったことを話し合ったり、明日の活動について話し、期待を持たせる。
16：00	降　所	◎お迎えの子どもから順次帰宅する。	・保護者には、1人ひとりの子どもの様子をていねいに話しながらコミュニケーションを図るようにする。
		◎挨拶をして帰る。	・帰っていく子どもに「また、明日」と挨拶をして、笑顔で見送る。
16：30	長時間・延長保育	◎長時間、延長保育児はそれぞれの保育室で遊ぶ。	・保護者への、連絡事項について延長保育担当保育者とクラス担任間で連携をしっかりとっておく。 ・3歳未満児、3歳以上児それぞれの遊びが、十分楽しむことができるよう、5時15分までは保育室を別にする。
19：00	最終児降所		・残っている子どもが不安なく待つことができるように、家庭的雰囲気の中で保育をすすめる。

5. クラスだより

ライオンぐみの　　　　　　　　　　　　　　　　　7 月　西部保育所
　　　　　　　　　　　　　　　　　　　　　　　　　　　　　加藤園美

クラスだよりではなく今回はカラスだより

　先週、畑のとうもろこしを収穫しました。とうもろこしといえばカラスに食べられてしまい無残な姿となっています。しかし、皮をむき黄色くなっている部分を見て「食べれそう」「持って帰りたい！」と子ども達。みんなでどうするか話し合いました。とうもろこしのお世話をしている子は15人います。でも"カラス・虫食いとうもろこし"は8本だけ……みんな持って帰りたい！そこで、給食の先生に食べられるところだけを調理してもらうことにしました。これでみんな食べられるとひと安心………今回の"カラス事件"は大変でしたが、いろいろな意味でおもしろく、楽しい経験だったと思います。

《とうもろこしが大変だぁ》

　事件は7月10日の朝起こりました……。なんとカラスの親子が「カァカァ」と泣き叫びながら、とうもろこしにつかまりくちばしでつっつき、食べているではありませんか！！ベランダからその様子を見て子ども達に慌てて知らせる加藤T。遊戯室で遊んでいた子や先生達。アヒル組の窓から見ていた子や先生もびっくりでした。「ちょっと！みんな、とにかく外に出ておっぱらおう！」と、子ども達を誘って外に飛び出していきました。子ども達は「こらぁ〜カラスめ〜」と追いかけたり、「わぁ〜」と大声を出して追っ払っいました。しかし、すでにもう大半のとうもろこしは、つつかれ実が食べられておりアリがついていました。先に外に出ていた井波Tの話では、カラスは親子で親カラスが子カラスにとうもろこしの実をロうつしで与えていたとのことでした。この時に聞かなければ、なんと感激的な場面なのでしょう。でもその時はなんだか複雑な心境でした。子ども達はというとがっかりしています……。そして怒っている子もいます……。今週末あたりに収穫できそうなものばかりが集中的に食べられていました。隣のミニトマトもやられました。なんとかしなくっちゃ……さっそくその日の集まりでは、"カラスたいじ"について話し合いをすることになりました。

《どうやってやっつけよう！？》

　朝起こったカラス事件。全員が見ていたわけではありません。遅く登所してきた子や、後から友達にその時の状況だけを聞かされた子もいます。まずはさりげなく「今日、畑見た人？」と聞いてみました。（野菜の成長や変化については普段から伝え合うようにしています）「すいかなっとったぁ〜」「メロンも〜」との声。その中に子「とうもろこしカラスに食べられたぁ」「あっ、オレも見た！」「わたしも！」　しげるくん「どうして？」　みつこちゃん「畑のは、甘いから」　加藤T「どうして甘いの」みつこちゃん「だって前、畑のん食べたら甘かったもん」　加藤T「そしたらもう保育所のは甘いっていうことだねぇ」　子「わからんけど」　加藤T「あっ、でもきゅうりたくさんなっとるがになんで食べられんがだろう？」
　子「だって、きゅうりは甘くないもん！」　加藤T「じゃぁトマトは？」　子「甘い！」　加藤T「じゃぁメロンは？すいかは？」　子「……甘いょ…わぁどうしよう！」みんなの中に今度はメロンやすいかかもしれないという不安がよぎったのです。

5. クラスだより

《作戦会議、開く》

メロンもすいかも順調に実をつけ、大きくなってきています。食べられたら大変です。カラスは頭がよく、保育所がザワザワしだすと近づきません。それになによりも"食べごろ"がわかるのです。トマトもとうもろこしもできたものから順番にやられています。さぁどうしょう……。

しんじ君	「こうなったら、しんくん見はっとる！」
おさむ君	「カラスにこらぁ〜って言えばいい」
けんじ君	「ゴムに石つけてパン！ってやる」
しげる君	「こまかい石投げる」
アキラ君	「石なげても王さまのカラスきそう……」
加藤T	「王さまのカラス？強そうだね。おっぱらっても、またくるよ……しん君ずっーと見はってくれる」
しん君	「ずっとーは見はっとれん……カラスの嫌いなもの置いとくのは！」
加藤T	「なるほど！でも嫌いなものって？」
しん君	「濡れた石とか、かかしとか」
アキラ君	「ペットボトルのやつの、くるくるって回るやつ！」

すると、今まで聞いていた子達が、次々と口をひらきはじめました。

なおちゃん	「黒のビニール袋に、目だま２つついとるやつ！」
のぞみちゃん	「あのね、ちっちゃな目のやつ」
ゆみちゃん	「そう、そう」
なおちゃん	「こんなんなっとる上に。ビニール袋かぶせるがー」。

とにかく一生懸命説明しようとする子ども達。加藤T「ねぇ。それって何処で見たの？」 えりかちゃん ゆかりちゃん ただし君達も一緒になって「テレビでやっとった」「うらわざで見たもん！」と大興奮。こうしている間にも、カラスが来ているかもしれません。作り方を聞くと、子ども達でも簡単に作れそうなものだったので、さっそく午後から作ってみることにしました。午前中はプールに入らない子が畑を見はっとく！と言ってくれたんです。

《いよいよ、作製》

材料　黒のビニール袋　きらきらテープ　アルミホイル　テープ　マジック

手伝ってくれたのは、みつこちゃん、ただし君、アキラ君、まさ君、たかひろ君、けいた君です。他にも「そこ違うよ〜」「もっと目のとこ小さいよ〜」など口だけ参加してくれた子もいました。

３時のおやつの時間には出来上がり、さっそく取りつけてみました。明日にならないと本当に効果があるのかはわかりません……。明日が半分楽しみにこの日は帰りました。

《カラスはこなかった？！》

１１日、朝からカラスの姿は見ていません。効果はあったのか？さっそく集まりの時に話してみました。昨日の夕方見ていた けんじ君「昨日たくさんきとったよ、カラス」 みつこちゃん「夕方ってけっこうカラスおるもん」他のみんなも心配そうに聞いています。 けんじ君「でも上のほうにいっぱいおったよ。中にはいったけど食べんかった。おっぱらっといた」。それを聞いて、ほっと一安心。「朝もきとらんかったよ」効果は十分あったようです。

夕方お迎えの時、ゆかりちゃんのおばぁちゃんに「糸をはればいいよ」と教えてもらい、さっそく子ども達にもその話をすると、「なるほど！！」とみつこちゃん。すぐにゆかりちゃんが家から糸を持ってきてくれました。１２日、畑に糸を張りました。それから一週間たちましたが、畑を荒らすカラスの姿は見なくなりました。

参考文献

原口純子　1998　保育環境論：幼児の生活の視点から　フレーベル館

加藤繁美　1997　子どもの自分づくりと保育の構造　ひとなる書房

森上史朗・今井和子（編著）　1992　集団ってなんだろう：人とのかかわりを育む保育実践　ミネルヴァ書房

日本の保育を考える京都の会（編著）　1987　心の養護：保育所における養護の内容と計画の実際

高浜介二・秋葉英則・横田昌子（監修）　1984　年齢別保育講座　5歳児の保育　あゆみ出版

◆ 第 8 章 ◆
保育の中で大切にしたこと

1. 栽 培 活 動

　ライオン組の子どもたちが中心になっての，栽培活動。畑づくりは，今年は何を植えようか？の話し合いから始まる。「トマトがいい」「ナス植えたい」など，1人ひとり自分の植えたい野菜を決める。決まると近くのお店に苗を買いに行き，畑に植え，その成長を楽しみに水をやったり，草をむしったりする。日に日に大きくなっていく苗を見て喜び感動し，植物への興味，関心が深まっていく。しかし，苗がなかなか大きくならない，風がふいて倒れてしまった，「どうしてだろう？」「どうしたらよいのだろう？」と，子どもたちは苗や種を植えた後，期待通りにいかないこと，自分の思い通りにいかないことなど，困った体験をたくさんしていく。

　私たちは，この活動に限らず子どもたちが「困った経験」に出会うことで，大きく成長していくのではないかと考えている。そして，その時が，保育者の出番だと考えている。

　ある年こんなことがあった。その年も園庭の「みんなのはたけ」にはナス，枝豆，きゅうり，ブロッコリー，さつまいも，メロン，スイカが青々と植えられ

苗を買いに

た。植えたばかりの5月の連休中、雨風の嵐の日があり、苗がほとんどダメになってしまった。子どもたちは「植え直そう」と言い、植え直した。ようすけ君の苗はこの時奇蹟的に助かり元気だったが、その後なぜか、枯れてしまった。しかし、当のようすけ君は気にも止めず、苗は枯れた状態でいた。担任はようすけ君の気持ちを、枯れた苗に向けようとしたが「いいが……」と言うばかり。遠足があったりしてたちまち2週間が過ぎた頃、ようすけ君のお母さんから「苗が枯れているので買ってきたいのですが……」と担任に話しがあった。お母さんは、ようすけ君の苗が枯れたままだと淋しい思いをするのではないかと心配しておっしゃってくださったのである。母親として当然のお気持ちだろう。しかし担任は、ようすけ君が自分で買う気になることが大切なので、母親の申し出は辞退することにした。そして、ようすけ君ともう一度話をしたところ、苗を買いに行く気持ちになったのである。このことを、クラス全員に伝えると「先生とようすけ君で買いにいってもいいよ」とようすけ君の気持ちを受け止めてくれた。そこで2人で人参の苗を買ってきて植えたのである。

　保育所で栽培活動をするのは、りっぱな野菜を収穫するためではないと思っている。りっぱな野菜になるにこしたことはないが、その過程でいろいろなことを体験し、考えたり、試したりすることの方が大事なことなのではないかと思う。ようすけ君にとっても、お母さんにとっても「貴重な体験」をしていただいたと思う。そして、担任の思いに賛同してくださったようすけ君のお母さんに心から感謝した。

2．飼 育 活 動

　午後1時になると「お世話、お世話」と言いながら、園庭に集まってくるライオン組の子どもたち。

　当保育所には、うさぎのシロちゃんとクロちゃん、かめの一家（お父さんのドラゴン、お母さんのマミー、子ども2匹）、セキセイインコが2羽、金魚などがいる。これら小動物の世話は、ライオン組の子どもたちに代々受け継がれてきている。飼育は「臭い」「汚いからやりたくない」「今日は、やりたくない」「でも、誰かがしないと死んでしまう」「どうしよう？」等々と、子どもたちにいろいろ

2. 飼育活動

な問題を投げかけてくれる。食べ物を食べて、ウンチやオシッコをする、うさぎやカメ・セキセイインコと一緒に生活していることで出来る貴重な実体験である。世話は保育者が決めた方法で進めていくのではなく、3月末に引き継いだ時から、やりたい子どもが、

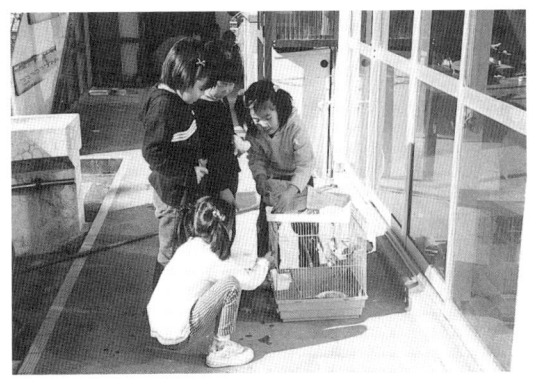

せきせいインコの世話

やりたい動物の世話をするところからスタートしている。世話をする中で、さまざまな問題が投げかけられる。

5歳児クラスになり、「ぼくたち、私たちがお世話しなくっては！」と張り切っていた子どもたち。「どうやってお世話していく？」と4月に話し合った時は「みんなでやる！」と決め、30人が一斉に世話をしたい動物へと飛んでいった。カメを手にもって遊ばせてあげたり、散歩をさせてあげたり、うさぎと一緒に遊んだりしている。これも子どもたちにとっては大切な世話のひとつとなっている。ところが、6月頃より世話に参加してくる人数が段々と減り、毎日参加してくれる子どもたちが同じ顔ぶれとなってきた。子どもたちの中から「先生○○ちゃん、お世話せんと遊んどった」「お世話しられって言ってもせん」「かめと遊んでばっかりおる」「虫探しして遊んどる人おる」という声が聞かれるようになり、一度みんなで話し合ってみた。「うさぎはうんちがあるし、洗わんなん」「鳥は簡単」「ちびかめは石を洗わんなんがに手にもっとるだけでずるい」等々まとまらない、結論のでない話し合いであ

カメの一家の世話

る。「やりたくない」「めんどうだ」そう思う時があって当然なのである。大人だって同じである。「お世話をしたら遊びに行ける」となると，要領のよい考えが思いつき，簡単な小鳥の世話ばかりする子がでてくる。これも当然である。もちろん臭いけど，大変だけどがんばっている子もいる。『なぜ，お世話をしなければならないのか』子どもたちはわかっているはずである。大人から『やらさられるお世話』ではなく，嫌なことでも，「やってみよう」「やってみたら，やりとげることができた」という気持ちの方を大切にした関わりをしていきたいと思った。そのために，問題がでてくると必ず「話し合い」の場をもち，その中で1人ひとりの子どもが思っていることを言い合うことで，友達の思いに気づくようにした（p.100の**3**）参照）。

3. 絵本との出会い

　当保育所では「絵本」も環境として大きな位置をしめている。保育者がそれぞれの感性と個性で子どもに出会わせたい絵本を選んだり，保護者会からも数年来寄付していただいたりしている。そうして増やしていった絵本を「えほんのへや」に置き，子どもや保育者ばかりではなく親子で触れ合える場にしている。

　また，子どもたちが，大好きで大切な「本」を自分のものにできる「配本」を行っている。これは子どもの年齢や1人ひとりの子どもの興味や関心を見ながら年齢ごとに十数冊の絵本を選び，その中から親子で1冊選んでもらって年間3回配本している。

　5歳児と4歳児のクラスになると月1回町立図書館へ出かける。図書館の絵本コーナーで絵本を選んで見たり，私達が読み聞かせをしたりして絵本に囲まれゆったりとした時間を過ごしてくる。帰りには，1人ひとりの子どもが自分の見た

先生，絵本読んで

い絵本を一冊ずつ借りてくる。子どもたちは絵本を読んでもらうのが大好きで，1人の子どもに読み始めると子どもたちが集まってきて，すぐにみんな絵本にくぎづけになり，絵本の楽しさ，面白さの魅力に引き込まれていく。一冊読み終わる頃には，読んでもらいた

貸し出しカウンターで

い絵本を脇に抱えた子どもたちも加わる。そして「読んで，読んで」と保育者に差し出してくる。このような姿は，自分の好きな絵本を，自分だけのために読んでほしいという子どもの気持ちの表われではないかと思っている。絵本では言葉の力を育てイメージを豊かにする効果があるが，それと同時に絵本の楽しさや面白さを子どもたちと実感しあうことが，保育者と子ども1人ひとりとの心の架け橋となると思う。

4. 子どもの遊びの心に保育者もはまってみよう！

　子どもが1つの遊びをどのくらいの期間続けるのか見ていると，一時的な流行で終わってしまうもの，2，3週間続くもの，年間通して続けるものなどさまざまである。

　ここ，1，2年ずーっと続いている遊びがある。子どもたちは「まぜまぜミックスごっこ」と名づけている。こんなに長く続いているのはなぜだろう？筆者もやってみた。ふーんなるほど，大人もはまる。納得である。

　子どもの気持ちに共感すると，言葉で言うのは簡単だが，実際にやってみるところに共感があると思った。

　「まぜまぜミックスごっこ」って，どんな遊びだと思われるだろうか？必要な用具は泡立て器とボール，材料は水と石鹸。水と石鹸をボールに入れ，ひたすら混ぜ続ける。この「ひたすら混ぜ続ける」がミソなのである。大人は，しばらく

すると手が痛くなる，これぐらいでいいだろうなど……いろいろな雑念が入る。子どもは違う，手が痛いなんて決して言わない。これぐらいでいいだろうなんても思わない。ただ，ひたすら混ぜ続ける。ボールを逆さまにしても泡が落ちてこなくなるのを，目標に混ぜ続ける。年長児にいたっては，年少組からの長年のキャリアで，水の量と石鹸の量の配分具合が勘でわかるようである。確実に固い，ちょうど「生クリーム」状態にまでする。まさに，職人技である。ここまでくるまでの苦労は並大抵ではなく，言葉では言い表しがたい。年少組の時は水たっぷりの中に石鹸をひとかけ入れて，混ぜる。どれだけ混ぜつづけても，水面に少々の泡が立つ程度であった。ここからスタートし，ボールを逆さまにしても泡が落ちない程になる。試行錯誤の連続の上にキャリアが加わる。化学的追求の始まりといっても言いすぎではない。

　筆者もやってみた。子どもと一緒に何度もしていたのだが，腰をすえて，水と石鹸の配分具合を考えてみた。年中児のM子ちゃんに教わりながら……。「先生，知らんが？」「うん，知らんが，水はこれくらい？」とボールの中を見せると「うん，いいよ」。後で，こっそり水の量を計ってみると200cc，石鹸は浴用石鹸の5分の1程度だった。混ぜ始めると，大小の泡が立ってくる。それから段々泡が細かくなってくる。それでも混ぜ続けると，泡がわからなくなるくらいに，表面がなめらかになってくる。ここまでくると，楽しくなってくる。そして，こんどは先が見えるので，混ぜる力も強くなる。泡立て器を持ち上げると，固まりかかった証拠に生クリームの柔らかめの物がすーっと立ち上がる。くずれやすいのだが，「もうしめたもの」。大人もはまる「まぜまぜミックス」。子どもと同じように夢中になって，「これが共感だ」と実感した。

❖ 第9章 ❖

地域，保護者との連携

1. おじいちゃん，おばあちゃんと一緒って，なんだかあったかい♥（世代間交流事業）

　都会に比べると，おじいちゃん，おばあちゃんと一緒に生活している子どもたちが多い。一緒に生活していなくても，お迎えがおじいちゃん，おばあちゃんという子どもも，かなりいる。しかし，近年は富山でもライフスタイルが変わってきているので触れ合いの量，密度はどうだろうか？そこで，大沢野町保育所，幼稚園（2ヵ所ある）では『世代間交流事業』に取り組んでいる。「ふれあい運動会」「ふれあい交流会」「やきいも会」「餅つき会」（表9－1参照）などそれぞれの保育所で，創意工夫をこらしている。そして，おばあちゃん，おじいちゃんからあたたかい気持ちをいただいている。

　子どもたちと祖父母の方との触れ合いに加え，若いおかあさん，おとうさん方との触れ合いも含まれている。特に「ふれあい運動会」では，一緒にかけっこをしたり，フォークダンスをしたりする中で，双方が優しさと元気さのキャッチボールをしていると思う。

表9－1　世代間交流事業年間活動内容

月	活動名	内容	月	活動名	内容
9月	ウィンディ訪問	地域のお年寄りの会の方々を敬老の日にちなんで招待する会に参加する。	11月	やきいも会	朝早く，おじいちゃんが，火を燃やしてくださって，やきいも会が始まる。
10月	触れ合い運動会	年長児，年中児と祖父母の方々と保護者との3世代交流の運動会。交流活動のメイン。	12月	餅つき会	なかなか見られない杵とうすでの餅つき。

第9章 地域、保護者との連携

餅つき会

[1] やきいも会

　今日は，やきいも会である。天気はまずまず。朝8時，おじいちゃんたちが集まってきてくださり，まず，焚き付けの薪を燃やして，"おき"をつくる。これが，美味しい焼き芋をつくるミソなのである。

　薪は，2,3日前にO君のおじいちゃんが，「やきいものためにとっといたちゃ」と言って持ってきてくださったもの。次はおばあちゃんの出番である。さつまいもを洗う，濡れ新聞紙で包む，アルミホイルで包むなど，一連の仕事の，各部所にいて子どもたちにていねいに教えてくださる。全部包み終わった頃には，さつまいもを入れるおきが沢山できていて，並べると後は，焼き上がるのを待つのみ。待っている間，おじいちゃん，おばあちゃんとフォークダンスをしたり，お話をしたりして過ごしていると，11時頃には焼き上がり，みんなでやきいも会食である。普段，小食のRちゃんも，今日ばかりは，美味しそうに食べている。自分で洗って，包んだおいもだから美味しさも倍増。それにも増して，おじいちゃん，おばあちゃんの優しさで，ほんわかとした気持ちになっていた。

[2] ほんわかお隣のおじいちゃん

　地域の老人クラブの会員でもあり，保育所のお隣の辻井さん宅のおじいちゃん。当保育所の目玉活動である田んぼづくりの指導員である。素人の

世代間交流事業

私たちが、曲がりなりにも秋にお米を収穫できるのはおじいちゃんのお蔭。田のしろかき（田植えの一週間程前に、田をならすこと）や田植えはもちろんのこと、見よう見まねで花壇のブロックを積んでいると、「してやるぞ」と言われ土日をかけて作ってくださったり等々である。

栽培活動 田植え

　こんなことがあった。子どもたちの外遊びになくてはならない、玩具洗い場の排水路が砂で詰まってしまった。水が抜けないことには使用不可能。私たちが鉄の棒でつっついて一時は流れたように見えたのだが、それも束の間のことで、また、詰まってしまった。それを見ていたおじいちゃん、七つ道具を揃えてこられ、午後いっぱいかかって直そうとしてくださった。でも水は抜けない。明日は業者さんにと思い、その日は私たちの方が先に帰ることにした。次の日、出勤すると抜けていた。昨夜、おじいちゃんが10時までかかって、それも息子さんも手伝ってくださっていたのだった。なんと、感謝の気持ちをお伝えしようかと言葉がみつからなかった。

　近所の高齢者の方々には子どもたちばかりでなく私たち保育者も「ほんわか」とした気持ちにさせられる。このような方々に支えられて保育所は成り立っていくのだと思うことが時々ある。

2．保育の心をクラスだよりにのせて

　玄関を入ったすぐの所に事務室がある。午後3時過ぎになると、その前にライオン組、パンダ組、ウサギ組各クラスのその日の子どもたちの様子が書かれたホワイトボードが掛けられる。お迎えにこられた保護者の方が必ずその前で立ち止まり、読んでいかれる。散歩先で、犬にあった時の子どもたちの

会話，ライオン組のお泊まり保育の夕食の献立が決まるまでの話し合いの様子，石鹸でのまぜまぜミックス遊びの楽しさ等々がそのまま書かれている。

「昨日の帰り急いでいて，読めなかったので……」と次の日の朝，読んでいるお母さんもいれば，「毎日楽しみにしています」という声が聞かれる。毎日のクラスだよりの集大成が，月1回出される「○○組だより」である。時々「号外」が出される。「私，子どもの～の姿に感激！どうしても，お母さんに伝えたい」という保育者の気持ちが，執筆意欲につながり号外が出される。

当保育所では，送迎時の保育者とお母さんとの語らい，ヒヨコ組やアヒル組の連絡帳，毎月のクラスだより，クラス懇談会などで家庭との連携をとっている。中でも，クラスだよりには力が入っている。その力がお母さん方に伝わるのか，楽しみにしてくださっているように思う。「楽しみにしてくださっているように思う」と書いたのはあまりに，手前味噌だからである。しかし，この原稿を書いている筆者にも，当保育所の先生方の執筆意欲が感じられる。また，子どもたちの言葉，会話，しぐさ，表情をよく見ているしよく聴いている。ただ聞いたり見たりしているのではなく，心をかたむけていると思う。「クラスだよりは子どもをよく見ていないと書けない」が，実感である。子どもたちの様子や保育者と子どもの会話などをそのまま書く，加えて保育者と子どものやりとりも書いていく。そのことが，保育者の保育への思いがお母さんに伝わっていくのではないか。「こう考えているので～してください」「こう考えた方がいいですよ」では，指導色の濃いクラスだよりになる。保育者の関わりの姿を，そのまま飾らずに伝えることが，保護者の心に届くクラスだよりになると思っている（第3章～第7章の「5. クラスだより」参照）。

参考文献

柴崎正行（編著）　1997　子どもが生き生きする保育環境の構成　小学館
渡邉保博　1998　生活を大切にする保育の胎動　新読書社
吉井享一　1999　本の向こうに子どもが見えた：本のよみかた子どものみかた　エイデル研究所

第10章

保育者の育ち

「保育者は三日やったらやめられない」というのは筆者の実感である。確かに体力的にも精神的にも多大なエネルギーが費やされるし、責任の重い仕事でもある。なのになぜ、このような魅力が保育にはあるのだろうか？

子どもと接していていつも気づくことは、自分の心が"洗われる"という感覚になることである。時には、子どもとの関わりにおいて反省させられたり、新しい自分に気づかされたりすることもある。子どもは率直であり、的確なフィードバックを保育者におくってくれる。子どもたちとの相互交渉を分析することは、自己を分析することになるのではないかと思う。自己分析しながら、新しい自分に気づき、その過程で保育者が向上していく。保育者の向上は子どもへの対応に変化をもたらし、子どもたちにも良い変容をもたらす。この循環に保育の醍醐味があり、面白さがあるようにも思える。

この章では、事例検討による所内研修に焦点をあてて、保育者がどのようなことに気づき変化していったかを論じることにする。これまでの章は保育者という実践者の立場から子どもたちへの対応、子どもたちの変容などを論じてきた。いわば、子どもを中心として保育者としてより良い援助のあり方を究明してきたといえる。ここでは保育者を中心にして、その育ちを明らかにしたいと考えた。さらに、研修によりひとつの保育所の保育だけがレベルアップするのではなく、地域全体の保育がレベルアップする具体的方法についても言及したいと思う。

1. 事例検討による研修の重要性

　平成11年に改訂された保育所保育指針において，多様な保育ニーズに応えるべく，現職保育士が職員研修や自己研鑽などを通して保育をつねに向上させるよう務めることが示されている。いわば，現職保育士の研修の必要性が明記され，学問的研究や保育実践の進歩の重要性が強調されたと考えられる。研修は各保育所の現状に合わせてさまざまな方法で実施されているが，岡田（1982）は，事例が提示されることで研修の深められ方が異なるために，ケース・スタディ方式が望ましいとしている。また，秋葉（1982）はケース・スタディ方式の研修会を行い，指導の方向性を決定する上で有意義な討議がなされたことを示唆している。杉下ら（1999）は「事例研究」と「保育環境」をテーマにした場合の研修効果を比較している。前者は保育者が子ども個人を把握しようとしたのに対して，後者は年齢別発達段階と環境との関係を理論的に把握しようとする傾向がみられた。後者は発達段階という集団をもとに環境を検討することに重点を置いたために，個々の子どもに何を育てたいのかという意識が不足していったと報告してる。

　保育者は日々の保育実践において，子どもと全人格的に関わりながら対象児の成長・発達を促しており，研修による保育者の変化は，子どもたちの行動変容につながることが当然予想されうることである。一事例ではあるが，稲垣ら（1997）は研修における事例検討会を通して，保育者の対象児への認識が変化し，その影響で対象児の行動にも好ましい変容が現れたことを明らかにしている。また，水内ら（2001）は，幼児教育および障害児教育の大学研究機関に所属する専門家のコンサルテーションを受けることで，保育者が子どもの見方を変え，それによって子どもも変容していく過程を2事例を提示して明らかにしている。また，金子（2002）は，乳幼児のトラブルを主題とする事例研究を行い，保育士61名を対象に一年後の認識の変化を検討したところ，「子どもの立場に立つ」「自己の保育を反省」「プラス面の発見」「幼児理解の深化」「保育観の変容」「受容」の6カテゴリーが得られた。さらに，対象児の行動の変容としては「自己主張」「信頼関係および愛着の確立」「他

者理解」「道徳性」「自己統制」「友人関係の拡大」「情緒的安定」「言語発達」の8カテゴリーが得られた。対象児の変容と保育士の変化との関連性を検討したところ，保育士の対象児に対する「プラス面の発見」が上昇すると，対象児の「自己主張」「言語発達」「他者理解」「道徳性」「自己統制」も上昇することがわかった（表10-1）。保育者が対象児の良い面を発見してサポートすることにより，対象児が社会性や知的発達などの多方面にわたって好ましく変容していくことが示唆された。このように保育者の認識の変化と乳幼児の変容との関連性が数量的に実証されたことは，事例研究という本来"個人"を対象に検証されていた有効性が，ある意味，集団においても実証されたことになり，事例研究の有効性が強調されたと考えられる。

表10-1 保育者の認識の変化と対象児の行動変容（金子,2002）

保育士の認識の変化 対象児 行動変容	重相関係数	偏相関係数						定数
		子どもの 立場に立つ	保育を 反省	プラス 面発見	幼児理解 の深化	保育観	受容	
自己主張	.49*	−.21	.01	.43**	.11	.15	−.03	1.67
信頼関係	.34	−.17	.15	.15	.17	.14	−.14	3.19
他者理解	.40	−.31*	−.10	.32*	−.03	−.02	.09	4.08
道徳性	.37	−.20	.08	.29*	.17	−.04	.04	1.67
自己統制	.37	−.16	−.22	.33*	.22	.01	−.07	3.28
対人関係の拡大	.19	−.09	−.01	.07	−.02	.02	.15	3.06
情緒的安定	.42	−.28*	−.23+	.16	.00	.12	.23+	4.73
言語発達	.50*	−.25+	.04	.43**	.07	.18	.02	1.01

** $p<.01$, * $p<.05$, + $p<.10$

　子どもの個性を尊重して個別対応を検討する事例研究は，保育者の関わりと乳幼児の変容との関係が明確になるために実態が把握されやすく，保育者の対象児への関わりが適切に方向づけられて相互交渉が効果的に行われていくと考えられる。

2．所内研修による保育者の育ち

[1] 保育者の気づき

　研修3年目に，西部保育所のクラス担当者8名に，所内研修について気づいたことを自由に記述してもらったところ，次の回答が得られた。

(1) A保育者

　提案様式を決めて記録し，討議前に配付したことで主観的になりがちだった討議の場に客観性をもたせることができた。同時に保育者相互の思いがわかり合える場となった（保育の客観性，相互理解）。

(2) B保育者

　事例として提案した子どものさまざまな姿を周囲の先生方と話し合うことで，共にその子の育ちを見守っていく「支え」の気持ちが生まれた。肯定的な「支え」は子どもの生活の充実を考える力となった（協力体制の確立）。

(3) C保育者

　日々の保育に追われている中で所内研修は「自分の保育」を省みる時間となった（保育の振り返り）。

(4) D保育者

　自分の保育を事例提案することで，担任として自分だけで対応していくのではなく，保育所全体で考えていこうという姿勢が感じられ「あせり」や「不安」が和らぎ，ゆったりと関われた（情緒的安定）。

(5) E保育者

　提案の中からでてきた「言葉の発達」や「保護者への対応」などの問題点について，講師を招いて研修会を開いたり，外部機関と連携をとるなどしていくことで保育への見通しがもて，所内全体に「学習意欲」が生まれた（保育の見通し，学習意欲）。

(6) F保育者

　保育実践がありのままに事例提案され，率直な意見が交換されることが普通になるにしたがい，保育経験年数を越えたところでの討議の場になっていくことを実感した（対等な討議）。

(7) G保育者

自分の保育が「これでよいのだろうか」と参考図書を読むことにより，子どもの姿を発達と照らし合わせて客観的に捉えながら，保育をしていく手だてとなった（客観性，理論と実践との融合）。

(8) F保育者

所内研修の場で「自分の言っていることはこれでよいのだろうか」「みんなはどう思って聞いているのだろうか」と考えると，なかなか意見が言えなかった。それは問題意識をもって子どもを見ることに欠けていたためではないかと反省した（問題意識）。

その他，研修会を主催した主任保育士は「職員の保育への思いを意識的に受け止めて応えていく事が役割であると考えるようになった」と回答している。さらに，所長代理（実質的には所長の役割，p.6参照）は，自分は経験年数が長くよくわかった者として所内研修にのぞむのではなく，「共に育ち合おう」という雰囲気を作っていく者として参加すべきことを実感したとしている。

個々の保育者の保育観のみに委ねられるのではなく，保育所全体で子どもへの対応を考えるようになり，保育者相互の「支え」の気持ちが生まれたと考えられる。決められた形式にそって記述された記録をもとに討議することで，客観的に保育を捉えることができたようである。研修会を重ねるにつれて率直な意見交換の場となり，日常的に討議されるようになってきた。それらの討議は自分の保育を振り返る良い機会となり，各自が自分の保育の課題を見出したようであった。さらに，討議の中から生じた問題点を外部講師や専門書を通して解決していく過程が「学習意欲」につながったと考えられる。

[2] 研修の有効性

事例検討という所内研修を通して，個々の保育者が自分の育ちをどのように捉えているかを明らかにするために，研修4年目にアンケートを実施した。全国社会福祉協議会（1996）の「保育内容等の自己評価」のためのチェックリスト（保母篇）を参考にして，研修後の変化がわかるように質問の表現をかえて，西部保育所のクラス担当者8名に回答してもらった。

表10-2 所内研修の効果（杉下ら,2000より）

項 目 内 容	有効	無効	計(%)
①自分の保育に対する同僚や上司からの批評や意見に，感情的にならず謙虚に聞くことができるようになった（批評受容）。	100	0	100
②自分の保育を振り返り，問題や課題を見つけることができるようになった（課題設定）。	88	12	100
③その日の子ども1人ひとりの特徴的な活動や姿を，しっかり記録にとどめることができるようになった（子ども把握）。	75	25	100
④研修の機会が与えられさえすれば自費でも参加したいと思うようになった（積極参加）。	75	25	100
⑤保育の悩みや疑問を解決するための調査や観察，面接のしかたなどについて，研究に関する専門書をみつけて，そこから学ぶことができるようになった（研究方法の理解）。	63	37	100
⑥保育をする中で生じた疑問や悩みを，同僚や上司にわかるように説明することができるようになった（説明技術）。	50	50	100
⑦いわゆる「手のかからない子」「ききわけの良い子」についても発達の課題をみつけ，ケース・スタディをすることができるようになった（ケース・スタディ）。	50	50	100
⑧他のクラスのカリキュラムについて疑問や感想を，気がねしないで述べることができるようになった（討議姿勢）。	37	63	100
⑨研修で得た内容・成果は，所内の職員にわかるようにていねいに説明し，意見交換や議論をするために役立てる事ができるようになった（有効活用）。	37	63	100
⑩職場外で，積極的に研修グループやサークルに所属して独自に勉強するようになった（研修態度）。	37	63	100
⑪所長代理はじめ他の職員が，あなたの保育実践の中にどのような課題があるか把握できる保育日誌などの記録が書けるようになった（記録力）。	37	63	100

表10−2より，「①批評受容」が100％で，全員が自分の保育に対する批判や意見を謙虚に聞けるようになったことがわかる。また，「②課題設定 88％」「③子ども把握 75％」「④積極参加 75％」「⑤研究方法の理解 63％」で，自分の保育の問題点や課題が意識化され，子どもの特徴的な活動や姿を把握することができるようになり，外部の研修にも積極的に参加する意欲が高まり，研究方法も理解されていったことがわかる。半数ではあるが，「⑥説明技術」「⑦ケース・スタディ」にも効果があり，保育の疑問や悩みを人にわかるように説明することができるようになり，子どもの特徴に合わせた発達の課題をみつけてケース・スタディできるようになったことがうかがえる。

[3] 研修を充実させていくポイント

　保育者の意見や感想をもとに研修を充実させていく留意点として次の4点が考えられた。

①討議の場が保育者の成長につながるためには，まず意見のだしやすい自由な雰囲気を作る。

②個々の保育者が自分の保育を振り返り，つねに問題意識をもって保育していく。

③個々の保育者に保育が委ねられるのではなく，所内全体で保育を考えていこうとする態度（保育の「支え」）を形成する。そのためには，記録提案者の保育スタイルを受け入れ，自分のスタイルとの相違を認識しながら，提案者の保育スタイルにそって保育を考えていく姿勢をつねに持ち続けることが必要である。

④保育を客観的に捉えるために，専門書を読んだり講師の指導を受けたりと，いわば「机上学習」を重視する。

3．公開保育による保育者の育ち

　富山県保育士会は大沢野町保育研究協議会に公開保育を委託し，研修5年目，つまり研修の最終年度の10月に西部保育所おいて公開保育が実施された。西部保育所は従来から所内研修が盛んであったが，最終年度は公開保育に備え

てより一層充実した研修が行われた。すでに2章で概略が示され，3章から7章で内容が記述されているように，当保育所では入所児個人の記録をもとにした事例検討が行われていた。公開保育という「人にみられる」機会は，保育者個人ばかりでなく，所内研修においても緊張感を高め，真剣に自分の保育を振り返り考察する機会になると考えられる。そこで公開保育がどのような効果を及ぼすかを検討するために，公開保育終了後にクラス担当保育者8名に「公開保育によって何を得たか」を自由に記述してもらった（金子ら，2001）。

1）A保育者

①公開保育は短い時間であっても，子どもたちの姿は日頃の生活・保育の表れと考える。当日の数時間よりも，今まで何年もかけて研修を重ねてきたことの方がより自分にとっては勉強になっていると改めて思った（研修の積み重ね）。

②「4月にクラスを担任しての思い」を文章化することで，今年1年，1人ひとりの子どもたちとどう関わり何を大切にしてクラスを運営していきたいのか？していかなければならないのか？が自分の中で整理ができ，大変良かったと思う。クラスの問題やトラブルなどへも「担任しての思い」や視点を頭におきながら対応できたように思う（保育方針）。

③子ども1人ひとりの姿を整理し書き留めることは，とても苦しく大変な作業であった。しかし，私自身がその子に対してどういう思いでどう関わっていきたいと思っているのかを明確にすることが，日頃の保育の反省となった。同時に変化を追って記録していくことで1人ひとりが育ってきた姿を実感することができた。また，記録時に自分が気づかない子どもの姿や場面など保育者同士が伝え合うことで職員各自が自分のクラスの子どもだけでなく，保育所の子ども1人ひとりをみんなで見ていくことへもつながったと思う。（個人記録による個別指導と保育の反省，発達的変化過程，職員の連帯感）

④所内研修以外でも職員間での話し合いが多くもたれ，各年齢の思いや姿，視点，1人ひとりの子どもの姿が共通理解できた。このことで職員間の連携もとれ，子ども個人へも同じ見方で関わることができた。また，成長も喜び合

うことができた。改めて，話し合いの場をもつことの大切さを感じた（話し合いによる相互共感的理解）。

2）B保育者

①仲間関係に視点を絞ることで子どもの「人との関わり」の育ちが見えるようになった。また共通の視点で研究することで，クラス以外の子どもの言動に以前よりも目が向くようになり，子どもたちの人との関わりに関連づけて考えるようになったと思う（視点にそった観察）。

②1人ひとりの育ちを文章化したことで，保護者にも明確な言葉で育ちを伝えられるようになった（発達に関する的確な表現）。

③今まで問題のない子として捉え，個人記録にも書けないと思っていた子どもは，実は問題のない子どもなのではなく，育ちが見えていなかったのだということがわかった（個人記録による育ちへの気づき）。

④「担任の思い」を文章化することで，1年の保育の見通しをもつことができた。年度途中でもその文章を読み返すことで，自分がこの1年をどんな思いでスタートしたかを確認しながら，保育を進められるようになった（保育方針）。

⑤読み手にとって読みやすい文，わかりやすい文，ひとりよがりではない文，誤解を受けない文が理解できた（文章表現力）。

⑥つらくて苦しい資料作りだったが，日常の場面を頭の中で整理し，これを文章化したらどう表現できるかと考えるようになった（客観的表記力）。

3）C保育者

①資料を作る作業は大変だったが，自分の文章のくせに気づき，正しい文章表現の方法を学ぶことができた（文章表現力）。

②個人記録を通して，子どもの育ちをみつめる大切さを痛感した。個の育ちと集団としての育ちのバランスの大切さを合わせて感じた（個と集団の育ちのバランス）。

③日常の保育を大切に積み重ねていくこと。そのためには生活を共にする大人である保育者が責任と自覚をもたなければならないことを強く感じた

(日常の保育の積み重ねと保育者の姿勢)。

④保育者の個性（人生観，価値観）が普段よりも一層クローズアップされ，お互いを理解し合う良い機会になり，チームワークの大切さを感じた（チームワーク）。

4）D保育者

①視点がはっきりしていたので記録のとり方もわかりやすかった。また，子どもの変化も見えてきて気づくことも多くなった（視点にそった観察）。

②職員全体で見ていたので自分の見方との違いに気づくことができた（他者との子ども把握の相違）。

③資料作成で自分の文章表現力のまずさを感じることができて良かった（文章表現力）。

5）E保育者

①視点にそって個別記録を文章化することが難しく，日頃から子どもを観て記録をとることの大切さがわかった（習慣的記録）。

②複数担任としてのチームワークの大切さと難しさを学んだ（チームワーク）。

6）F保育者

数ヵ月ごとに個別記録を他の保育者と検討することで自分の見過ごしている子どもの姿を知ることができた。また期待される子どもの姿を記すことで，自分の援助がより明確になった。「早くこうなって欲しい」とあせる気持ちが少なくなり，1人ひとりにゆったり関わる中で，子どもが自ら成長していく力を育てていこうと思うようになった。（子ども理解の新側面，援助の明確化，ゆとり，子どもの自己成長力の伸長）

7）G保育者

①所内研修が自分の意見を言い，討議できる場であることを理解していくうちに，子どもの育ちを言い合える職員の仲間関係が作られていることに気づいた。その時に感じたことが言えるという「所内研修」は保育者にとって

良い環境となり，保育にも良い影響を与えると思った（保育者の自己発揮）。

②子どもの行動からその内面を探り，記録し反省しながら明日の保育につなげていくことを意識するようになった。日々の保育を見つめ直していくうちに自分の変化に気づき，どのように子どもと関わるかによって子どもの成長や変化がみられるようになってきた。その時，子どもの何気ない変化を嬉しく思い，次の関わりへとつなげていくようになってきた。その気持ちをこれからももち続けたいと思う。また，これからの保育の考え方・方向性を整理できたことは公開保育によって得たものだと思う。（自己研修の意識化，子どもとの相互影響性）

8）H保育者

保育者がゆったりじっくりと子どもと関わる姿勢が土台となり，安定して遊べることにつながっていることを改めて見直す機会となった（保育者の姿勢）。

仲間関係を研修テーマにしたことで目的にそった詳細な観察が可能になり，子ども個人の変化のみならず，集団との関わりから個を観れるようになったと思われる。個別記録や公開保育の資料を作成することで文章表現力が向上し，事象を客観的に捉えられるようになり，子ども個人の育ちを的確に把握したことで援助の方向が明確になったと考えられる。また，共通の対象に向けられた観察意識と具体的な記録は，職員同士の討議を活発にしてチームワークを良くし，所内研修自体が保育者の自己発揮の場となっていったのであろう。「担任の思い」はその年度の保育方針となり，発達に即した一貫性のある対応の指標になったと考えられる。また，日頃の研修の大切さや保育者の姿勢に改めて気づかされたり，子どもの自己成長力や自己研修のあり方を意識化したりする者もいた。所内研修での気づき（p.132「[1] 保育者の気づき」参照）と比較すると，より多面的な「気づき」が感じられる。職員の異動が少なかったことを考えると，公開という緊張場面にさらされることで研修効果が大いに高まったといえよう。

4．地域保育への広がりを求めて

[1] オープン所内研修の効果

　西部保育所の研修会は毎週開催され，次の4項目に留意して実施されたために活発に意見が交換がされやすい自由な雰囲気があった。
　　①討議しやすい雰囲気
　　②保育の振り返りと問題意識の明確化
　　③他者の保育に対する共感的理解と問題解決への協力
　　④「机上学習」の重視
　研修4年目からは，他所の保育者も保育参観後に所内研修会に参加できるシステムが作られた。「オープン所内研修会」は研究保育委員会（所長代理と主任からなる公開保育の準備委員会）のメンバーが参加した。これは相互交流を行うことによって，地域保育のレベルアップを期待したために実施された。また，西部保育所が県の公開保育の会場となっており，大沢野町保育研究協議会がバックアップしてその保育実践を支えるというねらいもあった。年度当初の4月から11月までに，1回約3時間程度のオープン所内研修会が3回実施され，研究保育委員は1名につき1回参加した。そこでは事例が討議されたが，事前に討議資料が配付され，参加保育所は所内で検討した後にそれぞれの代表意見をもって研修会に参加した。また，参加後はレポート提出が求められた。
　オープン所内研修会に参加して自分の保育所の研修にどのような変化があらわれたかを自由に記述してもらった。回答者は西部保育所を除いた大沢野町立保育所5園の所長代理5名で，僻地保育所は規模が小さいため調査対象からはずした（表1－1参照）。
　参加保育所の所内研修への影響性は主に次のようなものだった。

1）A保育所
　①気になる子どもへの対応について，クラス担任が抱え込むのではなく，

職員全員でその子を観察し同じような関わり方を心がけて，共通理解に努めるようになった。

②疑問に思ったり，悩んだりしていることは，職員会議や所内研修の場へ率直にだせる雰囲気ができた。

③1人ひとりの（子どもの）育ちからみた行事への参加のあり方について考えるようになった。また，心情的な発達を重視した内容や方法を考慮するようになってきた。

2）B保育所

①「人との関わり……」の部分で気づくことがあった。（自分の保育所と）研究テーマは違っていても，人と関わっていくことで保育目標の『やさしい心と生きる力を育てよう』ということに近づけようとしている共通点に気づくことができ，自分の所の研修を整理することができた。

②研修の話し合いについて，「何でも言い合える仲間作り」「相手の思いを聴く姿勢」「問題提起に対する疑問意識」「職員の個性の伸長」などを見つめ直す機会になったと言える。

3）C保育所

事前に記録資料を提出することで，提案者の問題意識が明確化したとともに効率的な研修となっていた。当保育所でも（事前の資料提出を）検討していく必要性を感じた。

4）D保育所

研修への取り組み方は共通していて，研修が変容するものではなかったが，（参加内容を）報告しながら話し合いをする機会になった。

5）E保育所

所内研修は今まで主任保育士が進行していたが，他の保育者に進行と記録を回すようになった。

表10-3 オープン所内研修の影響性（金子ら,2000より）

項目内容	有効	無効	計(%)
①自分の所の研修が充実するようにしっかりと研修計画を立てるようになった（研修計画）。	100	0	100
②自分の所の職員会議などで，他人の保育について質問したり，意見を言ったりする雰囲気ができてきた（雰囲気）。	80	20	100
③自分の所では，保育士の悩みや課題を研修課題として取り上げるようになった（研修課題）。	75	25	100
④保育士と他の職種（調理や用務など）の職員とが，お互いの職務について質問したり，意見を出し合ったりするようになった（相互交流・理解）。	60	40	100
⑤保育研究をする際，調査，観察，面接，検査などの方法やまとめ方について，専門書を参考にするようになった（研究態度）。	60	40	100
⑥自分の所で全職員を対象とした研修体制が組まれるようになった（研修体制）。	60	40	100
⑦カリキュラムはクラス担任が素案をつくり（職員）会議に原案として提出され，そこでの議論を踏まえて決定されるようになった（カリキュラム作成）。	40	60	100
⑧所長代理や保育士が研修会に参加した成果を，保育の課題解決に役立てるようになった（研修成果の活用）。	40	60	100
⑨外部の研修会で自分の所の研究発表をするようになった（研究発表）。	0	100	100

　自由記述では，「全職員が子ども個人に関わる姿勢」「子どもの内面的発達の重視」といった乳幼児への対応や，「職員の相互理解」「課題意識」「保育者の個性伸長」「研修会運営方法」といった研修のあり方に関しての変化があげられていた。顕著な変化が見られなかった保育所もあるが，自分の所との共通点や相違点が明確となり，研修についての意識づけはなされたと考えられる。

[2] 評定による分析

　西部保育所の研修会に参加することが，他の保育所の所内研修にどのような影響を与えているかを明確にするために，所長代理にアンケートを実施した。全国社会福祉協議会（1995）の「保育内容等の自己評価」のためのチェックリスト（所長篇）において，研修・研究活動の項目を参考にして変化が明確になるように9項目を作成した。

　表10-3より，有効とした者は「(1) 研修計画」が100％，「(3) 雰囲気」と「(2) 研修課題」が約80％，「(4) 相互交流・理解」「(6) 研究態度」「(7) 研究体制」は60％だった。全保育所で以前よりも研修が充実するように計画を立てるようになり，ほとんどの保育所で質問したり意見を言い合う雰囲気ができてきて，職員の悩みや課題を研修課題として取り上げるようになってきたことがわかる。半数以上がお互いの職務について質問したり意見を出し合うようになり，専門書を参考にするようになって，全職員を対象とした研修体制が組まれるようになった。たった1回でも他の保育所の研修に参加することは，さまざまな影響を受けることがわかった。今後，オープン所内研修会を継続することにより，地域の保育が向上することを願う次第である。

引用文献

秋葉美智子　1982　ケース・スタディ方式による「集団不適応児の研修会」保育学年報1982年版　94-103.

稲垣節子・金子智栄子・倉橋宏子　1997　保育園における幼児のトラブルに関する研究Ⅱ―保母の認識の変化が幼児行動に及ぼす影響について―　日本保育学会第50回大会論文集，242-243.

金子智栄子・坂田和子・杉下真弓　2000　共に育ち合う保育者をめざした所内研修のあり方Ⅲ―モデル保育所の実践が地域の保育研修に及ぼす影響性―　日本保育学会第53回大会論文集，154-155.

金子智栄子・杉下真弓・坂田和子・谷端邦子　2001　共に育ち合う保育者をめざした所内研修のあり方Ⅳ―公開保育が研修効果に及ぼす影響性―　日本保育学会第54回大会論文集，410-411.

金子智栄子　2002　現職保育士研修における事例研究の有効性―保育士の認識の変化と乳幼児の行動変容との関連性について―保育士養成研究，**19**, 29-34.

水内豊和・増田貴人・七木田敦　2001　「ちょっと気になる子ども」の事例にみる保育者の変容過程　保育学研究，**39**（1），28-35.

岡田正章　1982　Ⅰ保育者の研修をめぐって（総説）　保育学年報1982年版　10-17.
杉下真弓・金子智栄子　1999　共に育ち合う保育者をめざした所内研修のあり方　日本保育学会第52回大会論文集，620-621.
杉下真弓・金子智栄子　2000　共に育ち合う保育者をめざした所内研修のあり方Ⅱ－所内研修の充実と保育者一人ひとりの育ち－　日本保育学会第53回大会論文集，152-153.
全国社会福祉協議会　1995　園長（所長）篇「保育内容等の自己評価」のためのチェックリスト
全国社会福祉協議会　1996　保母篇「保育内容等の自己評価」のためのチェックリスト

執筆者紹介

1章　　杉下　眞弓（大沢野町所長代理）
2章　　杉下　眞弓（大沢野町所長代理）
3章　　佐山　京子（大沢野町主任教諭）
　　　　堂林三起子（大沢野町保育士）
4章　　西井　智美（大沢野町主任保育士）
　　　　立　　恵子（大沢野町保育士）
　　　　山田　輝美（大沢野町保育士）
5章　　松本友紀子（大沢野町主任保育士）
6章　　長谷　尚子（大沢野町主任保育士）
　　　　谷端　邦子（大沢野町主任保育士）
7章　　加藤　園美（大沢野町保育士）
8章　　杉下　眞弓（大沢野町所長代理）
9章　　杉下　眞弓（大沢野町所長代理）
10章　金子智栄子（文京学院大学教授）

編著者紹介

金子智栄子（かねこ・ちえこ）
日本女子大学大学院家政学研究科修了（家政学修士）
臨床心理士
文京学院大学人間学部，同大学院人間学研究科教授
主要著作物
　子どもの発達理解とカウンセリング（編著）　2006　樹村房
　保育ライブラリー　乳幼児心理学（共著）　2003　北大路書房
　乳幼児発達心理学（共著）　1999　福村出版
　育み・かかわり・学びあう（共著）　1994　福村出版
　学級集団の理論と実践（共著）　1991　福村出版　他

共に育ち合う保育者をめざして

2002年 5月20日　初版第1刷発行
2025年 4月20日　初版第8刷発行

定価はカバーに
表示してあります

編著者　金子智栄子
発行者　中西　　良
発行所　㈱ナカニシヤ出版
〒606-8161 京都市左京区一乗寺木ノ本町15
telephone　075-723-0111
facsimile　075-723-0095
郵便振替　01030-0-13128
URL　　http://www.nakanishiya.co.jp/
E-mail　iihon-ippai@nakanishiya.co.jp

装幀・白沢　正／印刷・製本＝ファインワークス

Copyright © 2002 by C. Kaneko
Printed in Japan
ISBN978-4-88848-713-9　C3037

◎本書のコピー，スキャン，デジタル化等の無断複製は著作権法上での例外を除き禁じられています．本書を代行業者等の第三者に依頼してスキャンやデジタル化することは，たとえ個人や家庭内での利用であっても著作権法上認められておりません．